ANDRÉS BIRCH y JAIRO NAMNÚN
con EMANUEL ELIZONDO

———

UNA GUÍA

de

SUPERVIVENCIA

PASTORAL

T0312800

Consejos a un nuevo
(y no tan nuevo)
pastor

GRUPO NELSON
Desde 1798

NASHVILLE   MÉXICO DF.   RÍO DE JANEIRO

UNA GUÍA DE SUPERVIVENCIA PASTORAL
© 2019 por The Gospel Coalition.
Publicado por Grupo Nelson en Nashville, Tennessee,
Estados Unidos de América.
Grupo Nelson es una marca registrada de Thomas Nelson.
www.gruponelson.com

Las citas bíblicas marcadas «NBLH» son de la Nueva Biblia Latinoamericana de
Hoy® © 2005 por The Lockman Foundation, La Habra, California 90631, sociedad
no comercial. Derechos reservados. http://www.NBLH.org. Texto derivado de La
Biblia de las Américas © 1986, 1995, 1997 por The Lockman Foundation.

Las citas bíblicas marcadas «LBLA» son de La Biblia de las Américas®, © 1986,
1995, 1997 por The Lockman Foundation. Usada con permiso.

Las citas bíblicas marcadas «RVR» han sido tomadas de la Santa Biblia,
Versión Reina-Valera 1960 © 1960 por Sociedades Bíblicas en América Latina,
© renovada 1988 por Sociedades Bíblicas Unidas. Usada con permiso.
Reina-Valera 1960® es una marca registrada de la American Bible Society y
puede ser usada solamente bajo licencia.

Los sitios web, números telefónicos y datos de compañías y productos
mencionados en este libro se ofrecen solo como un recurso para el lector. De
ninguna manera representan ni implican aprobación ni apoyo de parte de Grupo
Nelson, ni responde la editorial por la existencia, el contenido o los servicios de
estos sitios, números, compañías o productos más allá de la vida de este libro.

Editores generales: *Andrés Birch* y *Jairo Namnún* con *Emanuel Elizondo*
Editora en Jefe: *Graciela Lelli*
Edición: *Madeline Díaz*
Diseño y tipografía: *Grupo Nivel Uno, Inc.*

ISBN: 978-1-40411-031-1

Impreso en Estados Unidos de América

20 21 22 23 LSC 9 8 7 6 5 4 3 2

Contenido

Introducción

Como siempre, Dios se está moviendo. Pero el mundo de habla hispana está viviendo una obra de Dios muy especial en nuestros tiempos: una auténtica reforma «evangélica» (o sea, centrada en el evangelio), doctrinal, espiritual y eclesial, con mucho impacto sobre las vidas de cientos de miles de personas, cientos de iglesias y comunidades enteras.

Esa obra de Dios, esa reforma y sus efectos han creado una gran necesidad de nuevos líderes, de nuevos pastores. (Todo verdadero líder espiritual tiene corazón de pastor, aunque no tenga el título oficial). Y «para una ocasión como ésta» (Ester 4.14) Dios está levantando a una nueva generación de pastores, en parte como fruto de esa misma reforma. Tal vez tú seas uno de esos nuevos pastores, o quizás anheles llegar a serlo. Entonces, este libro se ha escrito, se ha preparado, para ti y para otros como tú.

En algunas iglesias a los pastores (o ancianos) se les llama «guías», porque su ministerio consiste en guiar a otras personas, a creyentes y a no creyentes, en su caminar espiritual, por medio de la Biblia, la Palabra de Dios. Sin embargo, para poder guiar a otros, uno mismo necesita ser guiado, por el Señor, por supuesto, pero también por otros «guías», ya que «en la abundancia de consejeros está la victoria» (Proverbios 11.14b).

Diecisiete consejeros no hacen necesariamente una multitud, pero los diecisiete hermanos que han participado en la preparación de este libro —hermanos que representan el ministerio pastoral en ocho países diferentes— han abarcado, si no todas, la mayoría de las áreas de la vida y el ministerio del pastor, desde los aspectos más personales (la relación con el Señor, los roles de marido y padre, el llamado al ministerio, el descanso y la lectura, etc.), pasando por temas más teológicos (la preparación para el ministerio pastoral, la teología bíblica, los conocimientos teológicos en general, la preparación y la entrega de las predicaciones), hasta los deberes tan prácticos como el desarrollo de un equipo de trabajo, la consejería pastoral, y la realización de bodas y funerales, etc.

Aunque el enfoque particular del libro sea para pastores nuevos, es la esperanza y la oración de nosotros, los editores, y de todos los escritores de esta guía, que también sirva de ayuda y ánimo para pastores con más tiempo y más experiencia en el ministerio pastoral. A fin de cuentas, el ministerio pastoral, al igual que toda la vida cristiana, es una vida de aprendizaje continuo. ¡El que más sabe es el que sabe lo poco que sabe y lo mucho que le queda por saber!

No pretendemos haber cubierto todos los temas relacionados con la vida y el ministerio del pastor cristiano. Tampoco pensamos que aquí estén las respuestas absolutas, o que puedan ser aplicadas en cada contexto. Pero si esta humilde aportación al tema te motiva, te anima, y te ayuda a servir al «gran Pastor de las ovejas» (Hebreos 13.20) con la fidelidad, la dedicación y el esmero que Él se merece, ¡la preparación de este libro será más que recompensada!

Que el Señor bendiga tu vida con las palabras de este libro, llevándote cada vez más a la única Palabra infalible.

Andrés Birch y Jairo Namnún

Capítulo 1.

El llamado al ministerio

Por Andrés Birch

E l Señor me salvó a los once años a través de la lectura de la Biblia y con la ayuda de un libro devocional.

No mucho tiempo después sentí que el Señor me hablaba sobre mi futuro y me llamaba al ministerio, aunque en aquel entonces no tenía idea de qué era eso del ministerio. Lo que sentía parecía real y, a partir de entonces, nunca me dejaría. Seguí leyendo la Biblia y orando. Me comprometí completamente con mi iglesia. Decidí estudiar griego (clásico) en el instituto. Cuando me preguntaban qué quería ser de mayor, decía que pastor o misionero. Y nunca pensé en hacer otra cosa con mi vida.

Durante mi juventud tenía muy claro que el Señor me llamaba, pero comprendía poco la Biblia. De hecho, no pensaba en categorías muy bíblicas. Aun así, ¡el Señor fue misericordioso conmigo! Han pasado más de cuarenta años desde entonces, y aunque todavía me queda mucho por entender, ahora puedo relacionar mi llamado al ministerio con la enseñanza de la Biblia, lo cual le da una base más sólida en lugar de ser solo un sentimiento subjetivo (aunque no por eso inválido). Permíteme compartir contigo algunas reflexiones bíblicas sobre el llamado al ministerio, resumidas en siete conceptos clave. Quiera Dios usar estas palabras para alentarte en tu llamado.

1. DESEO

> «Palabra fiel *es ésta*: si alguien aspira al cargo de obispo (supervisor), buena obra desea *hacer*» (1 Timoteo 3.1).

Tendemos a quitarle importancia a la aspiración y el deseo, como si se tratara de algo un poco, o bastante, dudoso. Si un joven de nuestra iglesia nos dijera: «Me gustaría ser pastor», ¡nuestra reacción sería más que un poco cauta! Pero ahí está el texto, el cual inicia un pasaje sobre los requisitos de los obispos o pastores.

El deseo por sí solo no es suficiente, y podría reflejar una forma de pensar errónea, pero no por eso se debe descalificar automáticamente. Un deseo así podría indicar un llamado por parte del Señor. ¡Clamemos al Señor para que ponga ese deseo en los corazones de cada vez más jóvenes (y no tan jóvenes)! Y quiera el Señor que ese sea el deseo de tu corazón.

2. VOCACIÓN

> «Los ancianos que gobiernan bien sean considerados dignos de doble honor, principalmente los que trabajan en la predicación y en la enseñanza» (1 Timoteo 5.17).

A lo largo de la Biblia, el concepto de vocación (por parte del Señor) es muy amplio; abarca la vocación laboral; la vocación en cuanto al matrimonio o la soltería; la invitación del evangelio; el llamamiento poderoso y efectivo del Espíritu Santo en la regeneración; el llamamiento a la santificación; el llamamiento de profetas, sacerdotes, y reyes; el de los apóstoles; y el llamado a todos los creyentes a comprometerse con la gran misión de la iglesia.

La Biblia no habla tanto como a veces se piensa sobre el llamado al ministerio pastoral. Se citan los textos clásicos sobre los llamados de Isaías, Jeremías, Amós, y los demás profetas bíblicos, y sobre todo el ejemplo de los doce apóstoles y de Saulo-Pablo, pero, ¿hasta qué punto es legítimo aplicar esos llamamientos al llamado pastoral hoy en día? ¿Es el oficio de pastor o anciano más o menos igual que el de profeta o el de apóstol?

Dicho eso, sin duda el Señor sí llama al ministerio de la Palabra a los que Él quiere, a través de su providencia en nuestras vidas, a través de los dones y capacidades que por su Espíritu nos da, a través de una convicción en el corazón, y a través de la confirmación por parte de la iglesia local, entre otras cosas.

Es legítimo hablar de cierta distinción entre pastores. Todos tienen el deseo de servir al Señor y a las personas, y todos tienen la convicción de que el Señor los ha llamado para servir. Pero no todos tienen al ministerio como su única vocación en la vida. Es decir, no todos se sienten llamados a dedicarse solamente al ministerio de la Palabra. Me refiero a aquellos pastores que son bivocacionales, es decir, que además de servir en la iglesia, tienen un trabajo «secular». (Puedes leer el capítulo 6 para saber más acerca del ministerio bivocacional.)

3. CARGA

> «Porque si predico el evangelio (anuncio las buenas
> nuevas), no tengo nada de qué gloriarme, pues
> estoy bajo el deber de *hacerlo*. Pues ¡ay de mí si
> no predico el evangelio!» (1 Corintios 9.16).

Los oráculos de los profetas bíblicos eran sus cargas. Esto habla de la convicción de su corazón, y también del peso —físico, emocional y espiritual— que ellos muchas veces sentían.

Aunque se trate de algo que se siente, lo cual es subjetivo, esa «carga» forma parte del llamado al ministerio. Se queda con la persona llamada y en muchas ocasiones es lo que usa el Señor para mantenerla en el ministerio cuando nada más lo puede hacer. Cuando hay motivos de sobra para querer tirar la toalla, la carga puesta por el Señor en nuestro corazón no nos permite hacerlo.

4. CAPACITACIÓN

> «Y El dio a algunos *el ser* apóstoles, a otros profetas,
> a otros evangelistas, a otros pastores y maestros, a
> fin de capacitar a los santos» (Efesios 4.11–12).

A aquellos que tienen el deseo, son llamados por el Señor y sienten la carga, el Señor también los capacita para poder cumplir su ministerio.

Si el Señor te ha llamado a esto, te dará los dones necesarios; y si no te los ha dado, quizá debas cuestionar tu llamado. Si tú no lo haces, ¡otros lo harán por ti!

Otra cosa distinta es que no todos tienen exactamente los mismos dones, y no hay nadie en el ministerio cristiano que sea igualmente fuerte en todas las áreas y que no tenga sus puntos débiles. (Por cierto, es por eso que el modelo que encontramos en el Nuevo Testamento es de un trabajo en equipo y no de llaneros solitarios. Puedes ver el capítulo 14 sobre «El pastor y su equipo de trabajo».)

¿En qué consiste el trabajo del pastor? Consiste en aplicar la Palabra de Dios, tanto en público como en privado, a todo tipo de personas, en todo tipo de situaciones, y con todo tipo de necesidades. Y si el Señor te ha llamado (o si te llama) a dedicarte a eso, es inconcebible que no te dé las herramientas necesarias.

5. RECONOCIMIENTO

> «Os rogamos hermanos, que reconozcáis a los que con diligencia trabajan entre vosotros, y os dirigen en el Señor y os instruyen» (1 Tesalonicenses 5.12–13, LBLA).

Con esta quinta palabra pasamos a considerar el papel vital de la iglesia local en la confirmación del llamado al ministerio. Normalmente el Señor nos llama en el contexto de nuestra iglesia local (aunque puede haber alguna que otra excepción a la regla). Si un hermano se siente llamado por el Señor al ministerio, es muy importante que tenga la confirmación y el respaldo de su iglesia (Hechos 13.1–3). Si tú crees que tienes el don de predicar y enseñar la Palabra de Dios, pero nadie más en tu iglesia lo cree, por lo menos debes proceder con mucha humildad y mucha cautela, dispuesto a ser corregido por el discernimiento del cuerpo de Cristo.

> Si tú crees que tienes el don de predicar y enseñar la Palabra de Dios, pero nadie más en tu iglesia lo cree, por lo menos debes proceder con mucha humildad y mucha cautela, dispuesto a ser corregido por el discernimiento del cuerpo de Cristo.

Muchas veces este reconocimiento es el resultado de meses e incluso de años de observación. Aunque la mayoría de los creyentes nunca van a tener el don de predicar en público, hay otros que con tiempo y ayuda trabajarán y desarrollarán sus dones hasta llegar a ser muy buenos predicadores. Pero, aunque no hay ninguna iglesia infalible y se han cometido errores, es bíblico y muy importante que el llamado al ministerio tenga el reconocimiento y el respaldo de la iglesia local.

6. PROGRESO

«Reflexiona sobre estas cosas; dédicate a ellas, para que tu aprovechamiento sea evidente a todos» (1 Timoteo 4.15).

La palabra traducida «aprovechamiento» significa «progreso» (la misma palabra se traduce así en Filipenses 1.12). El joven pastor Timoteo (quizá no tan joven, pero probablemente con menos de cuarenta años) había sido reconocido como pastor por la iglesia en Éfeso; pero Pablo, su padre espiritual, lo anima a seguir trabajando en sus dones para que los hermanos puedan ver el progreso en su vida y su ministerio.

Cuando hemos sentido el llamado del Señor, y cuando nuestro ministerio ha sido reconocido por nuestra iglesia... no es el final del camino, sino solo el principio. No hemos llegado. A partir de ese momento debe haber crecimiento y progreso, y los hermanos tienen que verlo. Los mismos «medios de gracia» que el Señor usa para salvarnos y luego para santificarnos, también los usa para desarrollar nuestro ministerio. De eso estaremos hablando a lo largo de este libro.

7. UTILIDAD

> «Ten cuidado de ti mismo y de la enseñanza.
> Persevera en estas cosas, porque haciéndolo
> asegurarás la salvación tanto para ti mismo como
> para los que te escuchan» (1 Timoteo 4.16).

¿Cuál sería el resultado de ese cuidado y de esa perseverancia por parte de Timoteo? ¡Su propia salvación y la de sus oyentes! Pero, ¿qué significa eso? Está claro (por lo que enseña el resto de la Biblia) que no se refiere a salvación por obras ni a perder la salvación. No, en este contexto se trata del

> Si el Señor ha llamado a alguien al ministerio, lo usará para ser de ayuda, tanto a creyentes como a personas no creyentes, y para su propio progreso espiritual.

tiempo presente de la salvación, o sea, la santificación o el crecimiento espiritual. Si Timoteo es fiel en su ministerio, el Señor le usará para su propia santificación y también para la de las personas bajo su responsabilidad pastoral.

Esta es una parte importante de la utilidad de un siervo del Señor. No se puede medir en términos de números, o aplicando los criterios de las empresas. Pero si el Señor ha llamado a alguien al ministerio, lo usará para ser de ayuda, tanto a creyentes como a personas no creyentes, y para su propio progreso espiritual.

Siempre queremos ver más fruto, es normal. Pero si no parece que estemos siendo de ayuda espiritual a nadie, quizás debamos pensar en serio sobre nuestro llamado y pedir que nos asesoren hermanos de confianza.

EL LLAMADO DE DIOS PARA CADA UNO

Lo han dicho muchos grandes hombres de Dios (Spurgeon y Lloyd-Jones, por ejemplo): el llamado al ministerio es —en un sentido— el mayor llamado que puede recibir un ser humano.

No obstante, es importante matizar que solo es así si ese es realmente el llamado que el Señor le ha dado a uno. Porque si tu llamado (o vocación) es otro —ama de casa, maestro de escuela, secretaria, ingeniero, o lo que sea—, para ti ese llamado es el mayor, por la sencilla razón de que es la voluntad del Señor para ti.

En cambio, si el Señor te ha llamado (o si te llama) al ministerio, Él te dará la aspiración y el deseo, la vocación, la carga, los dones necesarios, el reconocimiento, el respaldo del pueblo de Dios, y el progreso en tu vida y ministerio. Ya sea que tengas décadas sirviendo como pastor, o que recién estés considerando tu llamado, es nuestro deseo que este libro pueda servirte para confirmar el llamado del Señor, para la edificación de los creyentes, para la salvación de otras personas, y para la gloria de su gran nombre.

Capítulo 2.

El pastorado: un maratón y no una carrera

Por Miguel Núñez

Muchos de los que hemos estado en el ministerio por cierto tiempo hemos visto con tristeza la caída de líderes, a veces en nuestras propias iglesias locales o en las noticias en el ámbito nacional o internacional. Cuando era más joven, estas noticias me indignaban, ya que el orgullo en mí no podía ver cómo un hombre que estaba caminando bien con Dios podía tropezar y caer, manchando el nombre del Señor. Pero en la medida en que Dios forma el carácter de Cristo en nosotros, comienzas a entender mejor lo que el apóstol Pablo escribió en 1 Corintios 10.12: «El que cree que está firme, tenga cuidado, no sea que caiga». Esto no lo causa solo los años en el ministerio, sino un sentir de humildad que te lleva no solo a entender esta verdad, sino a llorar por aquellos que han arruinado sus vidas, sus familias y sus ministerios.

LA PRUEBA DEL TIEMPO

Desde la antigüedad vemos que muchos hombres que comenzaron bien no terminaron del mismo modo. Pensemos en el primer hombre, Adán; en un sacerdote como Elí; en un rey como Uzías; en un apóstol como Judas; o en un compañero de Pablo como Demas. En la historia contemporánea, tristemente, los ejemplos no escasean, pero como muchos de ellos aún viven, preferimos dejar sus nombres en el anonimato.

En las carreras olímpicas, algunas de las marcas son establecidas a cien metros, otras a cuatrocientos, y otras carreras son calificadas como maratones, lo cual implica correr una distancia de cuarenta y dos kilómetros y ciento noventa y cinco metros. Sin ser un experto, conozco que estas carreras se corren de maneras distintas. Si en un maratón iniciamos dando toda la energía, como lo hace el corredor de cien metros, terminaremos descalificados pronto.

> Queremos hacer todo lo que podamos en el menor tiempo posible.

Ese es precisamente uno de los errores cometidos por muchos hoy en día. Tenemos una generación que no sabe esperar. Vemos la vida similar al horno de microondas, que nos permite cocinar a la carrera. O el internet, el teléfono, y otras tecnologías que nos permiten comunicarnos al instante. Queremos hacer todo lo que podamos en el menor tiempo posible.

Correr bien hasta el final requiere carácter, y ese carácter se forma a fuego lento a través de las circunstancias de la vida. Se necesitó entre dos y tres años de discipulado permanente con el mejor maestro del mundo para formar once hombres (excluyendo a Judas). Y al final del entrenamiento, uno lo niega, otro quiere sentarse a la mano derecha y el otro a la izquierda del líder. Otro más no cree que el Dios hecho hombre ha resucitado.

Y no olvidemos que el grupo entero abandonó al Maestro en la hora de su mayor necesidad.

Pasaron treinta y siete años entre el momento en que Dios llamó a Abraham y cuando Él le pidió que sacrificara a su hijo. Abraham no hubiera estado listo antes. Se requirieron cuarenta años para formar a Moisés. Y para que la iglesia de Antioquía comisionara a Pablo como misionero pasaron de unos siete a diez años a partir de su llamado.

> Así forma Dios a sus líderes: bajo presión, por un largo tiempo, con temperaturas altas y a grandes profundidades.

El diamante se forma bajo grandes presiones, temperaturas extremas, por un largo tiempo, y a profundidades entre ciento cincuenta y ciento noventa kilómetros en el manto terrestre. Así forma Dios a sus líderes: bajo presión, por un largo tiempo, con temperaturas altas (las vicisitudes de la vida), y a grandes profundidades (tiempo con Dios en el fragor de la batalla).

CÓMO CORRER BIEN

Cuando otros avanzan y nosotros no estamos donde ellos están, nos sentimos inseguros, o sentimos celos y envidias. Queremos avanzar para estar a su altura. Se nos olvida que el llamado de uno no es el llamado de otro. Se nos olvida que a veces estamos haciendo la comparación con otros que tienen dones y talentos que nosotros no tenemos, o que tienen una edad a la cual nosotros aún no hemos llegado.

La comparación nunca es buena, pero es la tendencia del orgullo. En su obra *Mero cristianismo*, C. S. Lewis dijo:

> El orgullo no deriva de ningún placer de poseer algo, sino solo de poseer algo más de eso que el vecino. Decimos que la gente está orgullosa de ser rica, o inteligente, o guapa, pero no es así. Están orgullosos de ser más ricos, más inteligentes, o más guapos que los demás. Si todos los demás se hicieran igualmente ricos, inteligentes o guapos, no habría nada de lo que estar orgullosos. Es la comparación lo que los vuelve orgullosos: el placer de estar por encima de los demás. Una vez que el elemento de competición ha desaparecido, el orgullo desaparece. Por eso digo que el orgullo es esencialmente competitivo de un modo en que los demás vicios no lo son.[1]

La humildad es la virtud que mejor nos prepara para correr bien la carrera cristiana hasta el final. En parte, por eso dijo Cristo: «Aprendan de Mí que Yo soy manso y humilde de corazón» (Mateo 11.29). La humildad del carácter de Jesús fue lo que le permitió, todo el tiempo, someterse a la voluntad del Padre y así cumplir a cabalidad la ley de Dios. Y al mismo tiempo, la falta de humildad es lo que ha hecho a muchos tropezar a lo largo del camino. La humildad se caracteriza por un espíritu de sumisión y dependencia de Dios. El orgullo se caracteriza por una independencia con respecto a Dios y los demás.

Lamentablemente, hemos observado que las cosas que usualmente hacen tropezar a un líder no son sus debilidades, sino sus fortalezas: sus dones, sus talentos, su oratoria, su habilidad para relacionarse, su inteligencia, su conocimiento, su sabiduría, sus logros, y aun su propia educación. Por eso advertía el apóstol Pablo a los corintios en su primera carta: «El conocimiento envanece, pero el amor edifica» (8.1b). El orgullo no sabe amar, ni a Dios ni al prójimo. Usualmente encomendamos a Dios nuestras debilidades. Oramos y pedimos que Dios nos asista. Sin embargo, con el tiempo, vemos áreas que dominamos y que «no necesitan la asistencia de Dios», y mucho menos de los demás. Nos volvemos independientes. Confiamos en nosotros, descalificamos el consejo de otros, y nos movemos hacia adelante convencidos de que los demás no pueden entender nuestras circunstancias, o que tenemos un llamado especial de parte de Dios. Muchas veces, sin darnos cuenta, encontramos nuestra identidad en estas cosas, y pensamos que, al menos en estas áreas, ya no estamos necesitados del evangelio.

El apóstol Juan escribió de alguien con este perfil: «Diótrefes, a quien le gusta ser el primero entre ellos, no acepta lo que decimos» (3 Juan 1.9). Su orgullo dio como resultado desear ser el primero, y por eso Diótrefes no aceptaba lo que Juan enseñaba. Bien dice Steve Farrar en su libro *Finishing Strong* [Terminando fuerte] que «si no tienes un espíritu "enseñable", no tienes posibilidad alguna de terminar bien».[2] El seminario o el estudio independiente pueden darte un título, pueden darte reconocimiento, pueden darte habilidades, pueden ayudarte a entrar en una organización a trabajar... pero no pueden darte carácter. El

> El título te da entrada a un ministerio, pero el carácter te mantiene allí.

título te da entrada a un ministerio, pero el carácter te mantiene allí. El carácter del cristiano lo forma Dios por medio de su Espíritu. Por eso Pablo habla en Gálatas 5.22–23 del fruto del Espíritu, y no del fruto del estudio.

No quiero que me malentiendas. Yo creo enormemente en la educación, y por eso he estado estudiando y aprendiendo toda mi vida, y enseñando una gran parte de ella. A la vez, durante estos años he aprendido que es el tiempo con Dios lo que forma el carácter de Cristo. Probablemente los apóstoles tuvieron menos estudios que la mayoría de nosotros que hemos tenido educación teológica formal, y sin embargo, llegaron a ser los pilares de la iglesia cristiana. ¿Cuál fue la clave? ¿Qué marcó la diferencia? Creo que este pasaje nos arroja luz: «Al ver la confianza de Pedro y de Juan, y dándose cuenta de que eran hombres sin letras y sin preparación, se maravillaban, y reconocían que ellos habían estado con Jesús» (Hechos 4.13). Reflexiona en estas palabras: «sin letras», «sin preparación», «se maravillaban», «con Jesús». El tiempo con Jesús compensó la falta de preparación. Algunos pudieran argumentar: ¿no podemos hacer las dos cosas? ¡Absolutamente! Pero solo la humildad sabe cómo hacer eso. El orgullo de manera natural se apoya en su propia sabiduría y se desconecta de los demás.

EL CUIDADO PROPIO Y DOCTRINAL

La falta de carácter ha dado lugar a caídas en el área sexual, en el área de las finanzas, en el área de las mentiras, en el área del manejo de las relaciones con las congregaciones, y en algunas otras más. Sansón cayó por debilidades relacionadas con la sexualidad (Jueces 16); además de permitir que su corazón fuera seducido por mujeres, Salomón perdió el rumbo por debilidades relacionadas con el manejo del poder y la autoridad (como nos muestra Eclesiastés); Giezi, el siervo de Eliseo, tropezó seducido por el dinero (2 Reyes 5); Ananías y Safira perecieron al mentir en el área financiera (Hechos 5); Roboam, el hijo de Salomón, precipitó una rebelión cuando en su orgullo no quiso escuchar al pueblo (2 Crónicas 10). Así ha ocurrido en muchas congregaciones. La falta de carácter en el liderazgo ha precipitado la división.

Para mantener un balance, también es necesario mencionar que lamentablemente muchos pastores han abandonado el camino de la verdad por carecer de convicciones doctrinales, las cuales se forman con el estudio sobrio de la Palabra. El apóstol Pablo le dice a Timoteo: «Procura con diligencia presentarte a Dios aprobado, *como* obrero que no tiene de qué avergonzarse, que maneja con precisión la palabra de verdad» (2 Timoteo 2.15). La palabra traducida como «precisión» implica cortar derecho. El llamado es a no desviarnos ni a derecha ni a izquierda a la hora de enseñar y predicar. De hecho, la falta de precisión al predicar hace que el obrero tenga algo de qué avergonzarse ante Dios. Esta verdad nos llama a estudiar a profundidad la Palabra de Dios, lo cual trae balance a las cosas que mencionamos antes. La falta de estudio no nos permitirá correr bien, como ha ocurrido con tanta gente a lo largo de la historia.

Las convicciones doctrinales son importantes. Cuando estas van unidas a la fortaleza de carácter, le dan una gran estabilidad al caminar de una persona. Es increíble ver cómo Dios usó a Pedro (Hechos 10–11) para que la iglesia entendiera que la barrera entre judíos y gentiles ya no podía existir. Y luego es ese mismo Pedro quien tiene que ser confrontado por olvidar que en Cristo no hay judíos ni gentiles (Gálatas 3.28). Observemos la influencia de una mala aplicación de una doctrina ya conocida por Pedro:

> Pero cuando Pedro vino a Antioquía, me opuse a él cara a cara, porque era de condenar. Porque antes de venir algunos de parte de Jacobo, él comía con los gentiles, pero cuando vinieron, empezó a retraerse y apartarse, porque temía a los de la circuncisión. Y el resto de los judíos se le unió en su *hipocresía, de tal manera* que aun Bernabé fue arrastrado por la hipocresía de ellos. Pero cuando vi que no andaban con rectitud en cuanto a la verdad del evangelio, dije a Pedro delante de todos: Si tú, siendo judío, vives como los gentiles y no como los judíos, ¿por qué obligas a los gentiles a vivir como judíos? (Gálatas 2.11–14, LBLA)

El versículo 14 nos deja ver cómo un verdadero apóstol en este momento no estaba andando «con rectitud en cuanto a la verdad del evangelio». El ejemplo de Pedro desvió momentáneamente a un grupo de judíos, y aun a Bernabé, de la verdad del evangelio. No solo son los problemas morales los que nos pueden hacer caer, sino también los malentendidos o las aplicaciones incorrectas de las verdades doctrinales. Aun en estos momentos, el carácter de Pedro y Bernabé comenzaba a ceder ante la presión de sus iguales. El pastor se verá presionado todo el tiempo: por sus propias inseguridades –que le convencen de que debe realizar ciertas cosas para estar a la altura de los demás–, por los logros de sus iguales, por los miembros de la congregación, y por tentaciones diversas. Solo Dios puede formar un carácter capaz de sostenernos bajo esas circunstancias.

Pedro tenía años corriendo y momentáneamente resbaló. Imaginémonos con cuánta facilidad podemos resbalar nosotros. Con el paso del tiempo aumentan nuestras responsabilidades, las cuales comienzan a pesar mucho. Si el carácter no ha echado raíces profundas, el peso de las responsabilidades y de las tentaciones nos hará sucumbir. De ahí la necesidad de saber esperar para pasar «la prueba del tiempo». ¿Cuánto tiempo? No hay una fórmula para determinar ese número. Pero sí hay un principio de sabiduría: avanza lentamente. Espera el tiempo del Señor. Él sabe cuándo estás listo y Él te hará caminar en las obras que preparó de antemano para que andes en ellas (Efesios 2.10). Fueron pensadas para ti solamente.

LA TAREA PASTORAL

Pastorear puede ser una de las tareas más demandantes. Es un alto privilegio y una enorme responsabilidad. Es un trabajo delicado, de alto riesgo, de tentaciones múltiples y diferentes naturalezas. Y es un trabajo que puede llevar al agotamiento físico, emocional y espiritual.

La tarea del pastor se parece a la del bombero que puede acudir al rescate de la víctima y morir quemado en el intento. Es un trabajo que requiere de mucha dependencia de Dios, pero que a la vez tiene muchas demandas que compiten con esta dependencia de Dios. Es una labor que debe tener la relación con Dios en primer lugar, porque ¡eso es lo prioritario!

Por desgracia, lo urgente continuamente compite con lo prioritario. La labor pastoral es un trabajo demandante, ya que las ovejas tienen necesidades urgentes desde que el sol se levanta. Pero si lo urgente continúa tomando el lugar de lo prioritario, terminará derrumbando la vida del pastor. Por esta razón es que entiendo que el pastor, y los que aspiran a dicha posición, deben ser sabios al correr para llegar al final. Hacemos bien al prestar atención a las palabras del apóstol Pablo en 1 Corintios 9.26–27: «Por tanto, yo de esta manera corro, no como sin tener meta; de esta manera peleo, no como dando golpes al aire, sino que golpeo mi cuerpo y lo hago mi esclavo, no sea que habiendo predicado a otros, yo mismo sea descalificado».

Capítulo 3.

La teología bíblica para los pastores

Por Giancarlo Montemayor

Aunque ahora tenemos satélites, aviones y drones, las montañas siguen teniendo una función especial. Además de ser majestuosas, proveen una perspectiva de la tierra que nunca tendríamos si no fuera por ellas. Desde arriba, los árboles se convierten en un hermoso bosque, y las personas en diminutas hormigas. El tiempo también parece que pasa más lento, al punto de invitarnos a olvidar los detalles de la vida para enfocarnos en lo que Calvino llamaba «el gran teatro de Dios».

Existe una herramienta que sirve como una majestuosa montaña para poder entender con mayor amplitud y claridad lo que la Biblia dice. A esta herramienta la llamamos la teología bíblica.

¿QUÉ ES LA TEOLOGÍA BÍBLICA?

La teología bíblica es la disciplina de cómo aprender a leer la Biblia como una historia inspirada por un solo autor que culmina en la persona y la obra de Cristo, entendiendo así toda la Escritura en relación con Cristo.

Don Carson dice que «la teología bíblica [...] busca revelar y articular la unidad de todos los textos bíblicos juntos, basándose primariamente en los mismos textos en cuestión».[1]

Hace algunos años el doctor Albert Mohler visitó nuestra iglesia para dar unas conferencias, y al final hubo un tiempo de preguntas y respuestas. Alguien preguntó: «¿Tiene algún consejo para poder entender la Biblia mejor?». Su respuesta se ha anclado en mi mente desde entonces: «Me gustaría que los cristianos leyeran sus Biblias como leen cualquier otro libro», dijo el doctor provocativamente. «Es decir, ninguno de nosotros toma la *Ilíada* de Homero y empieza a leer a mitad del libro, o una página aquí y otra página acá. Si leemos así a Homero, me temo que no habremos entendido el mensaje de la *Ilíada*. De igual forma, la Biblia debe ser leída como fue escrita si queremos entender lo que ella dice».

El doctor Mohler dio en el blanco. ¿Por qué será que algunos cristianos tendemos a leer la Biblia como si fuera un diccionario, yendo de página en página, tomando definiciones fuera de contexto? La Biblia fue escrita como una historia, una metanarrativa que tiene un principio y un final.

La teología bíblica nos ayuda a entender esa historia, a la cual llamamos la historia de la redención. Se trata de una hermenéutica, es decir, una forma de leer la Biblia.

En el Evangelio de Lucas encontramos una historia iluminadora en cuanto a este tema. Al final del Evangelio, en el capítulo 24, Jesús se encontró con dos creyentes camino a Emaús, después de resucitar de los muertos, y esto es lo que dijo: «¿No era necesario que el Cristo (el Mesías) padeciera todas estas cosas y entrara en Su gloria? Comenzando por Moisés y *continuando* con todos los profetas, les explicó lo referente a Él en todas las Escrituras» (vv. 26–27). Luego mira los versículos 44–47:

> Después Jesús les dijo: «Esto es lo que Yo les decía cuando todavía estaba con ustedes: que era necesario que se cumpliera todo lo que sobre Mí está escrito en la Ley de Moisés, en los Profetas y en los Salmos». Entonces les abrió la mente para que comprendieran las Escrituras, y les dijo: «Así está escrito, que el Cristo (el Mesías) padecerá y resucitará de entre los muertos al tercer día; y que en Su nombre se predicará el arrepentimiento para el perdón de los pecados a todas las naciones, comenzando desde Jerusalén».

En pocas palabras, Jesús era quien entendía mejor que nadie el concepto de la teología bíblica. En el verso 44 dice que Moisés, los profetas y los salmos (esa era la Biblia entera en ese momento en la historia) tienen un solo mensaje, una perspectiva desde la cima de la montaña. ¿Y qué es lo que Jesús ve desde la cima de las Escrituras? ¡Su vida, muerte, y resurrección, y el perdón de pecados en todas las naciones! Es decir, Jesús entendía que el mensaje de toda la Biblia grita las buenas nuevas del evangelio.

Ahora bien, seguramente Jesús no les leyó todo el Antiguo Testamento en ese momento a los discípulos. Probablemente Jesús tomó los grandes pasajes de la Biblia para mostrarles cómo Él es el verdadero cordero de expiación, la verdadera ley de Dios, el verdadero sumo sacerdote, etc. Eso es lo que hace la teología bíblica. Parafraseando a Don Carson, la teología bíblica «descubre y articula la unidad de todos estos temas y categorías».

¿POR QUÉ ES IMPORTANTE LA TEOLOGÍA BÍBLICA EN EL PASTORADO?

Las ventajas de la teología bíblica en el pastorado son muchas. Para efectos de este artículo, mencionaré unas cuantas.

Enriquece el sermón

Recuerdo alguna ocasión en que escuché a un orador extraordinario dar un pésimo sermón. La dicción era clara, la oratoria excelsa, las ilustraciones al nivel de Spurgeon, la cadencia exacta. En fin, todo aquello prometía mucho; pero el mensaje, muy errado. El tema era Sansón y los filisteos. Ya recuerdas, Sansón mata a un león con sus manos, y mata a mil filisteos con una quijada de burro. La moraleja del sermón era que debíamos ser fuertes en el Señor, como Sansón. El detalle es que Sansón no es para nada un buen ejemplo a seguir. De hecho, tras leer toda la historia, se evidencia que Sansón está muy lejos de ser un salvador para el pueblo.

En ese momento me di cuenta de cuánta falta hace tener una buena dosis de teología bíblica en nuestro pastorado. Ese sermón, informado por la teología bíblica, pudo hablar de Sansón como un tipo de Cristo, o de cómo Sansón nos habla de la paciencia de Dios, o de cómo Dios usa a siervos imperfectos.

Pudiéramos hablar de la muerte de Sansón también, ya que él murió a causa de su negligencia y pecado, y así derrotó a sus enemigos, dando paz al pueblo. Pero hubo alguien más que dio su vida voluntariamente y aplastó a sus enemigos en la cruz, dando paz eterna a su pueblo. En pocas palabras, un buen sermón que utiliza la teología bíblica debe incluir el mensaje del evangelio en Jueces 14—16.

En concreto, la teología bíblica es de suma importancia, porque Dios nos reveló una historia de redención, no un compendio de moralejas. La teología bíblica es crítica para el pastor, porque al predicar de forma clara el evangelio en cada sermón, se asegura de que sus ovejas lean sus Biblias de igual forma cuando van a casa.

Ahuyenta a los lobos teológicos

R. C. Sproul solía decir que todos somos teólogos, la pregunta es si somos buenos o malos teólogos. Del mismo modo, todos tenemos una teología bíblica buena o mala. Incluso los Testigos de Jehová tienen una teología bíblica cuando leen Colosenses 1.15, que dice que Jesús «es la imagen del Dios invisible, el primogénito de toda creación». Por supuesto, su teología bíblica es nefastamente errónea al decir que Jesús es un ser creado. Pudiéramos dar ejemplo tras ejemplo de malas doctrinas que se han desarrollado por ignorar una teología bíblica sana, desde el catolicismo hasta el evangelio de la prosperidad. Estas enseñanzas ignoran el gran esquema de toda la Biblia, y es por eso que una teología bíblica robusta ahuyenta a los lobos teológicos y guarda a la congregación de caer en reduccionismos y herejías.

Ayuda a pastorear a las ovejas

Asimismo, la teología bíblica provee un marco de referencia más amplio para lidiar con todos los aspectos de la vida cristiana. Supongamos, por ejemplo, que un miembro de tu congregación tiene fuertes problemas de adicción. Puedes acudir a la psicología popular para encontrar sustento, pero seguramente la respuesta será muy alejada de lo que dice la Escritura. Incluso la psicología «cristiana» pudiera decir: «Solo necesitas aprender, en el poder del Espíritu, a actuar diferente».

¿Cómo puede la teología bíblica guiarte para dar un buen consejo? Bueno, sabemos que la historia de la Biblia empieza con un grave problema. Una antropología bíblica nos dice que no es posible cambiar nuestras actitudes de forma superficial, ya que somos hijos de Adán y hemos heredado su naturaleza pecaminosa. De acuerdo a toda la historia de la Biblia, el ciclo de la humanidad se repite una y otra vez. Como dijo un predicador: «Dios no cambia... ¡y el hombre tampoco!». Somos siervos devotos al pecado por naturaleza. Lo que necesitamos es el evangelio. Entonces, lo que necesita el miembro de nuestra iglesia es saber que el cambio verdadero involucra un cambio de corazón, uno que palpite por la santa voluntad de Dios.

Así, una buena teología bíblica rehúsa pastorear con metas temporales. No ofrece atajos para cambiar actitudes, sino que se enfoca en el corazón. La meta del pastorado es tomar a las ovejas en el lugar en donde están y encaminarlas poco a poco hasta que Cristo nos llame a su presencia.

CONCLUSIÓN

La teología bíblica es una disciplina relacionada con cómo leer la Biblia, una estrategia hermenéutica que rechaza ver la Biblia como un mero libro de respuestas, sino que reconoce la gran narrativa que le da sentido a nuestra propia narrativa. Esa historia de redención define quiénes somos, de dónde venimos y hacia dónde vamos. Como resultado, nos ayudará a ser mejores pastores en el ministerio.

Capítulo 4.

La importancia de la educación teológica para el pastor

Por Emanuel Elizondo

Dejémoslo claro: los apóstoles recibieron la mejor educación bíblica y teológica posible. Estuvieron tres años aprendiendo a los pies del Maestro de maestros, el Rabino de rabinos, nuestro Señor Jesucristo. Si bien los Evangelios nos muestran mucho de lo que Jesucristo les enseñó, hay bastantes otras cosas que Jesucristo dijo e hizo que no quedaron escritas (Juan 21.25). No nos sorprende, entonces, el impacto que tuvieron.

Pero, ¿qué hay de nosotros? ¿Será que también necesitamos instrucción bíblica formal si hemos recibido el llamado de enseñar la Palabra de Dios? «El conocimiento envanece, pero el amor edifica» (1 Corintios 8.1). Pareciera que ese versículo es suficiente argumento en contra de estudiar teología en un instituto, universidad o seminario. ¿De qué sirve, después de todo, estudiar teología si solamente llenará mi mente de datos?

Estas son buenas inquietudes. Aun así, me gustaría explicar por qué creo que si Dios te da la oportunidad, debes considerar pasar tiempo de estudio concentrado en algún seminario teológico.

Claro, la historia de la iglesia demuestra que la educación teológica formal no es absolutamente indispensable para el ministro. Dios puede usar a un Spurgeon, quien no recibió educación teológica formal (aunque instituyó un colegio de pastores y tenía una de las bibliotecas personales más grandes de Inglaterra, con doce mil tomos). También damos gracias a Dios por las iglesias que se esfuerzan en entrenar a sus jóvenes bíblicamente para poder ministrar al pueblo de Dios.

No obstante, la realidad es que la mayoría de las iglesias no tienen el personal suficiente para entrenar a un joven en griego y hebreo, hermenéutica, homilética, teología bíblica y sistemática. Para eso será necesario un instituto, universidad o seminario teológico.

Ya que los pastores deben ser aptos para enseñar, la educación teológica es indispensable para el ministro. Veamos entonces algunas razones de por qué debemos estudiar teología de manera formal.

POR LA DIFICULTAD DE LA LABOR

La Biblia está escrita para que la entendamos. Creemos y abrazamos la doctrina de la claridad de las Escrituras. El corazón de los reformadores era que la Biblia fuera accesible a toda persona, pues estaban convencidos de que una de las tragedias más horrendas en la historia de la iglesia era haber limitado al clero el acceso a la Biblia.

Sin embargo, no podemos negar que hay dificultad en interpretar correctamente las Escrituras. La Biblia fue escrita por autores viviendo en una cultura muy diferente a la nuestra, escribiendo en idiomas que aunque en algunos aspectos se asemejan al nuestro, en otros son completamente diferentes. Además de eso, las Escrituras están escritas en diversos géneros literarios con estructuras específicas que, de ignorarse, podrían resultar en interpretaciones completamente diferentes a aquello que el autor quería transmitir originalmente. El mismo apóstol Pedro escribió de las epístolas de Pablo: «Asimismo en todas *sus* cartas [Pablo] habla en ellas de esto; en las cuales hay algunas cosas difíciles de entender, que los ignorantes e inestables tuercen, como también *tuercen* el resto de las Escrituras, para su propia perdición (destrucción)» (2 Pedro 3.16).

El llamado del ministro es a entender y escudriñar las Escrituras. Como dijo Pablo: «Procura con diligencia presentarte a Dios aprobado, *como* obrero que no tiene de qué avergonzarse, *que maneja con precisión* la palabra de verdad» (2 Timoteo 2.15, énfasis agregado).

La frase «maneja con precisión», que viene del griego *orthotomeo*, tiene que ver con «abrirse paso rectamente a través de un país (que tiene árboles o es difícil de atravesar), para que el viajero pueda llegar directamente a su destino» (léxico BDAG). Esa es una definición bastante pintoresca que para algunos de nosotros que hemos crecido en la ciudad será difícil de entender completamente. Tenemos que usar un poco nuestra imaginación y ponernos en las botas de aquel pionero que con hacha en mano se abre camino duramente entre la maleza, con el cuerpo entero sudando y los músculos en fuego, pero persistiendo por la meta de llegar hasta su destino. Aquel que enseña la Biblia debe hacerlo con perseverancia, abriéndose paso exegéticamente, sin importar la dificultad del camino, con la meta de llegar a la interpretación correcta.

Si bien tenemos excelentes traducciones de la Biblia al español (¡gloria a Dios por ello!), de ser posible el ministro debe adquirir un entendimiento de griego y hebreo, ya que en esos idiomas Dios se reveló a los escritores de las Santas Escrituras.

Esto, por supuesto, no es sencillo. Requiere tiempo. Para leer el Nuevo Testamento en griego se necesitan de tres a cinco años de estudio intensivo (además de constante repaso). El hebreo requerirá otros tres (y una vida repasándolo). Difícilmente una persona podrá hacerlo solo; necesita un maestro que entienda los idiomas a la perfección, que además tenga el talento de enseñarlos.

El tiempo es indispensable. La interpretación bíblica y la enseñanza no deben hacerse apresuradamente. Hacer exégesis requiere tiempo. Construir un buen bosquejo requiere tiempo. Aprender las reglas de la retórica para comunicar efectivamente un mensaje requiere tiempo, práctica y un buen maestro.

La labor es desafiante. Y sin embargo, el pastor de tiempo completo tiene solamente una cantidad limitada de tiempo. ¿Cómo puede hacer todo lo que necesita con tan solo veinticuatro horas al día? Estudiar teología de manera formal ayudará al ministro enseñándole a maximizar su tiempo de estudio afilando sus herramientas hermenéuticas. Aquella persona que tiene las herramientas adecuadas (y bien cuidadas) podrá llevar a cabo la labor de una manera más eficiente y con mayor impacto.

PORQUE EL TIEMPO APREMIA

Cuando salí a estudiar al seminario, más de una persona me dijo: «¿Para qué estudiar teología? ¡Estás perdiendo el tiempo! Mejor comienza a ministrar ya, y aprenderás en el proceso». Miles de personas mueren cada día y, si Jesucristo no es su Salvador, pasan a una eternidad de condenación eterna. ¡El tiempo es limitado! ¿No deberíamos maximizar el tiempo recortándolo en la parte de entrenamiento y alargándolo en el campo? Parece contraproducente eso de prepararse para ministrar.

Pero no lo es.

¿Puedes imaginar a un joven que quiere ser médico y que reciba ese mismo consejo?

«¿Para qué estudiar medicina? ¡Estás perdiendo el tiempo! Mejor comienza a practicarla ya, y aprenderás en el proceso». Nunca daríamos un consejo así, porque entendemos que practicar medicina es una labor de vida o muerte, y por lo tanto quienes la practican deben estar entrenados con el más alto nivel académico. Lamentablemente parece ser que a veces no pensamos lo mismo del ministerio del evangelio. Sin embargo, hay cada vez más hermanos y hermanas convencidos de que el trabajo ministerial sí es de vida o muerte, aunque no de vida o muerte física, sino espiritual. ¿Acaso es la muerte física de mayor peso que la muerte espiritual?

El principio de prepararse lo vemos en las Escrituras. En el Antiguo Testamento tenemos como posible ejemplo la escuela de los profetas. En los Evangelios, Cristo se encargó de preparar a sus apóstoles y discípulos por tres años antes de mandarlos al mundo. Pablo pasó tres años en Arabia, muy probablemente preparándose, antes de subir a Jerusalén (Gálatas 1.17–18). Inclusive Apolos tuvo que ser llevado aparte para recibir instrucción (Hechos 18.26). Es muy fácil que este principio pase inadvertido aunque es bastante claro. Sin duda alguna Jesucristo enfatizó la necesidad del aprendizaje, y por eso pasaba grandes cantidades de tiempo enseñando y explicando las verdades del reino a aquellos que después, en el poder del Espíritu Santo, expondrían dichas verdades al mundo entero.

La Biblia dice: «Aprovechando bien el tiempo, porque los días son malos» (Efesios 5.16). ¿Qué mejor manera de aprovechar el tiempo que estudiando formalmente la Biblia? Es por eso que es indispensable encontrar un lugar avalado por la iglesia local, que enseñe la inerrancia de las Escrituras, que ponga la Biblia misma por encima de todo. El tiempo apremia y la labor es difícil: por lo tanto, ¡estudiemos las Escrituras en profundidad! Esos tres a cinco años invertidos en el estudio de las Escrituras impactarán el resto del ministerio, ¡el cual puede llegar a durar hasta cincuenta o más! Serán años muy bien empleados.

PORQUE EL ERROR ABUNDA

El mundo siempre ha estado infestado de error. Los mismos apóstoles tuvieron que luchar en contra de las herejías que se infiltraban en las iglesias del primer siglo. En los primeros siglos después de Cristo, el error comenzó a brotar por todos lados, y pronto la iglesia se llenó de idolatría y otros errores que la desviaron prácticamente por completo. Es por eso que, en sus dos mil años de historia, Dios ha levantado a múltiples reformadores que han luchado incluso hasta la muerte para regresar al cuerpo de Cristo al lugar donde debe estar fundamentado: la Biblia.

«No hay nada nuevo bajo del sol», nos dice el predicador (Eclesiastés 1.9). Hoy en día vemos los mismos errores, pero con nuevas presentaciones. Es la antigua estrategia de ventas: ofrecer el mismo producto, pero en una nueva presentación. Los «nuevos» tipos de cristianismo no son más que antiguas herejías. La iglesia evangélica moderna fácilmente se desvía cuando le ofrecen algo nuevo.

No es que ahora haya más error que antes. La diferencia es que por causa de los medios de comunicación, el error está cada vez más al alcance de todos. Las sectas intentan seducir a la iglesia con sus extrañas interpretaciones, y muchos terminan cayendo. Los neoateos, aunque son pocos, han encontrado en las redes sociales un altoparlante. Cada vez más descubrimos que nuestros países hispanos se inundan de ideas pseudoespirituales, que son mezclas de religiones orientales con pensamientos posmodernistas. Eso sin contar el crecimiento de sectas y otras religiones, como el islam.

Así que el ministro de hoy debe estar bien capacitado. Debe entrenarse para «presentar defensa ante todo el que les demande razón de la esperanza que hay en ustedes. Pero *háganlo* con mansedumbre y reverencia» (1 Pedro 3.15).

Estudiar teología en una institución académica que pone a la Biblia en primer lugar ayudará al pastor-maestro a entender y refutar los errores que abundan en nuestra sociedad y se infiltran en las iglesias. El error abunda, pero la verdad es más poderosa que el error, y tenemos la promesa de que nada prevalece en contra del cuerpo de Cristo (Mateo 16.18).

Si tú, querido hermano, has recibido el llamado de Dios, confirmado por la iglesia, de ministrar la Palabra, quisiera urgirte a que consideres apartar un buen tiempo para equiparte y entrenarte teológicamente. El trabajo no es sencillo, pero Dios nos ha dado las herramientas para hacerlo. El tiempo es poco, pero mientras que Dios nos lo dé, debemos usarlo efectivamente. Y sin lugar a duda, el error abunda. Pero su Palabra es suficiente para transformar los corazones necesitados en un mundo lleno de confusión.

Así que estudiar teología formalmente será un tiempo bien invertido que maximizará tu efectividad en esta labor tan importante, la de proclamar el evangelio y alimentar a las ovejas que Cristo ganó con su sangre.

Capítulo 5

El pastor y la teología: lo fundamental que debes conocer

Por Andrés Birch

Aunque no todos los teólogos sean pastores, todos los pastores deberían ser teólogos. De hecho, ¡todos los cristianos deberían ser teólogos! Si esto te resulta sorprendente, incluso chocante, será porque tienes un concepto de la teología demasiado cerebral, académico y negativo. La teología, en su sentido más básico, es el estudio de Dios; ¿qué puede ser más importante que eso?

Existen diferentes tipos de teología: entre ellos, la teología bíblica, la teología sistemática, la teología histórica, la teología filosófica, la teología pastoral, y la teología práctica. Y aunque algunos de estos tipos de teología sean más imprescindibles que otros, sería bueno que todos los pastores estuviesen familiarizados con todos ellos. Ya que sería imposible abarcar de forma adecuada todos los diferentes tipos de teología, en este capítulo me voy a centrar en solo uno de ellos: la teología sistemática.

TEOLOGÍA SISTEMÁTICA

¿Qué es la teología sistemática? Es muy posible que ya sepas lo que es la teología sistemática, pero nos ayuda tener una definición. Esta es la sistematización de la enseñanza de la Biblia por temas, el enfoque temático de la teología de la Biblia. La teología bíblica se centra en: (1) el desarrollo progresivo de la revelación; o sea, la forma en que Dios fue dando cada vez más revelación a lo largo de los siglos; (2) el orden cronológico de los libros bíblicos; y (3) el hilo conductor de toda la Biblia: Cristo y el evangelio. La teología sistemática, en cambio, recoge y resume lo que enseña toda la Biblia sobre cualquier tema, independientemente de la línea del tiempo, etc.

La teología sistemática, a su vez, se puede dividir en una serie de secciones o apartados. Esto se puede hacer de muchas formas, pero una clasificación bastante sencilla y popular divide la teología sistemática en seis grandes secciones:

1. La bibliología (la doctrina de la Biblia misma).
2. La teología propiamente dicha (la doctrina de Dios).
3. La antropología (la doctrina del ser humano, incluyendo la doctrina del pecado).
4. La soteriología (la doctrina de la salvación).
5. La eclesiología (la doctrina de la iglesia).
6. La escatología (la doctrina de las últimas cosas).

Esta división no es perfecta, pero es lógica y sencilla, y cubre la mayor parte de la enseñanza de la Biblia.

A continuación voy a aprovechar esa división de la teología sistemática para sugerir algunos aspectos de esta teología que entiendo que todos los pastores deben tener claros:

1. La bibliología

Lo que el pastor crea sobre la Biblia determinará lo que crea sobre todas las demás áreas de la teología. Por lo tanto, es fundamental que crea en la inspiración divina de la Biblia, en su infalibilidad e inerrancia, en su autoridad, y en su suficiencia, entre otras cosas, y que entienda estos conceptos.

Si el ministerio pastoral consiste, básicamente, en la aplicación de toda la Palabra de Dios a todo tipo de personas en todo tipo de situaciones —y es así—, la bibliología del pastor marcará la diferencia entre un ministerio edificado sobre la roca de las Escrituras y uno edificado sobre las arenas movedizas de las últimas modas.

2. La teología (propiamente dicha)

En un sentido, solo hay dos tipos de teología cristiana, uno centrado en Dios, y el otro centrado en el ser humano. Y casi todas las iglesias reflejan el uno o el otro. (¿Es tu iglesia más «teocéntrica» o más «antropocéntrica»? ¿Quién está en el centro del escenario?).

El pastor fiel será alguien que conoce a Dios, que teme a Dios, que ama a Dios, y que quiere ayudar a otros a conocer a Dios cada vez más. Todo eso requiere un estudio consciente y continuo de Dios, la Trinidad, los atributos de Dios, la soberanía de Dios etc. La voz pragmática del espíritu del mundo de hoy nos animará a ir a lo «práctico», a centrarnos en las necesidades reales de la gente, etc. Y la idea de dedicar un montón de horas a leer un libro como *La existencia y los atributos de Dios* (del puritano Stephen Charnock) nos puede

> En un sentido, solo hay dos tipos de teología cristiana, uno centrado en Dios, y el otro centrado en el ser humano.

parecer una locura, una pérdida de tiempo imposible de justificar, pero quizá sea precisamente lo que necesiten hacer muchos pastores para salir de la mediocridad espiritual.

3. La antropología

Sobre esta área de la teología sistemática, me encanta la tesis expuesta por Thomas Boston (1676-1732) en su libro *Human Nature in its Fourfold State* (1720) [La naturaleza humana en su cuádruple estado] acerca de que hay que distinguir entre cuatro estados de la naturaleza humana: (1) la naturaleza humana inocente (Adán y Eva, antes de la Caída); (2) la naturaleza humana caída; (3) la naturaleza humana regenerada; y (4) la naturaleza humana glorificada. Los cuatro estados son diferentes: Adán y Eva antes y después de la Caída; el ser humano antes y después de ser regenerado por el Espíritu Santo; y el ser humano regenerado antes y después de la glorificación. ¿Quién puede negar estas diferencias?[1]

Hasta aquí la tesis de Boston puede parecer interesante, pero poco práctica, ¿cierto? ¡Nada más lejos de la verdad! Si el pastor entiende la idea de Boston, esta le proveerá un marco teológico desde el cual ejercer su ministerio pastoral. Porque en el centro de ese ministerio hay personas, todo tipo de personas, y todas ellas —sin excepción alguna— son personas caídas y (todavía) no regeneradas (o sea, espiritualmente muertas) o son personas regeneradas pero (todavía) no glorificadas. La teología es muy práctica.

4. La soteriología

Se trata de la doctrina de la salvación, pero en su sentido más amplio: desde la predestinación hasta la glorificación, y pasando por el llamamiento, la justificación y la santificación.

En un sentido se puede resumir el ministerio pastoral en tres fines soteriológicos: (1) guiar a las personas «perdidas» hacia la justificación; (2) ayudar a las personas ya salvas con su santificación; y (3) preparar a «los santos» para su glorificación. ¿Qué aspecto del trabajo de los pastores no está relacionado con uno o más de esos fines?

Y hablando de la salvación, si hay un aspecto de la teología que todo pastor debe tener muy claro es el mensaje del evangelio, la buena noticia sobre la persona y la obra del Salvador, el Señor Jesucristo. Tanto en el ministerio de la predicación como al relacionarse con todo tipo de personas, el pastor debe estar siempre preparado para resumir con palabras sencillas el corazón del mensaje cristiano: Dios, el ser humano pecador, Cristo como Salvador y la respuesta necesaria: el arrepentimiento y la fe. En un sentido, el evangelio es el prisma por el cual el pastor debe ver tanto la teología como su propio ministerio.

Una visión soteriológica salvará a muchos pastores de no ser más que trabajadores sociales religiosos.

5. La eclesiología

El término «pastor» pertenece al área de la eclesiología. Y los pastores deben tener claro lo que enseña la Biblia sobre esta área de la teología sistemática.

¿Qué es la iglesia (universal) y qué son las iglesias (locales)? ¿Cuál es la relación entre ellas y cuál es la base bíblica de ambas? ¿Cuáles son las características no negociables de una iglesia verdadera? ¿Quiénes pueden (y deben) ser miembros de una iglesia y cuáles son sus privilegios y responsabilidades? ¿Cómo se gobierna una iglesia local, según la Biblia, y dónde está el equilibrio entre la autoridad delegada por el Señor en el conjunto de los miembros y la autoridad delegada por estos en los pastores? ¿Cuáles son las ordenanzas instituidas por el Señor de la iglesia y en qué consiste su administración correcta? ¿Qué motivos requieren la aplicación de la disciplina bíblica y cómo se debe aplicar?

Estas son algunas de las preguntas que los pastores deben estar preparados para contestar. Muchas iglesias hoy están enfermas por una eclesiología débil o incluso inexistente. Y por una parte positiva, cada vez más iglesias hoy se están beneficiando de un verdadero avivamiento eclesiológico. Hoy en día hay muchos recursos que pueden ayudarte a entender mejor este tema, y puedo recordar de manera particular *La membresía de la iglesia*, de Jonathan Leeman, y *La sana doctrina*, de Bobby Jamieson, de la serie 9 Marcas.

6. La escatología

Al igual que pasa con otros temas, con esta última área de la teología sistemática hay dos errores en los dos extremos: (1) una obsesión con cierto tipo de escatología; y (2) tal vez como reacción contra esa obsesión, un descuido de esta parte importante de la enseñanza bíblica.

Lo más importante aquí no es a qué escuela milenial pertenezcan nuestros pastores. Lo más importante —y lo que encontramos en la Biblia— es: (1) el glorioso hecho de la (futura) venida de Cristo; (2) el consuelo y la esperanza que se derivan de ese hecho; (3) el efecto (santificador) que la escatología bíblica debe tener sobre las vidas de los creyentes; y (4) las implicaciones de la escatología para el urgente cumplimiento de la gran misión de la iglesia de dar a conocer a todo el mundo el maravilloso mensaje acerca de Jesús.

En otras palabras, el fin de la escatología bíblica no es en absoluto picar la curiosidad de nadie o tenernos obsesionados con la búsqueda de posibles cumplimientos proféticos en las noticias de cada día, sino el doble reto de la santificación y la evangelización; o sea, vivir hoy a la luz de mañana. Es en ese sentido que todo pastor fiel debe tener un ministerio escatológico.

TODOS SOMOS TEÓLOGOS

Efectivamente, todos los pastores deberían ser teólogos; y todos ellos deberían dedicar tiempo a profundizar en esos diferentes tipos de teología que mencioné antes, quizás de forma especial en la teología bíblica, que es uno de los pilares de un ministerio fiel y útil.

Y en cuanto a la teología sistemática, los pastores deberían tener muy claro qué es y cómo es la Biblia; ser creyentes y pastores más «teocéntricos» que «antropocéntricos»; ver y pastorear a todo tipo de personas desde la perspectiva de la antropología bíblica; ver todos los aspectos de su labor pastoral en términos soteriológicos; cultivar y enseñar una robusta eclesiología bíblica; y elevar la mirada tanto de creyentes como de no creyentes hacia el Rey que viene pronto, para que el futuro transforme el presente.

Capítulo 6.

Cosiendo tiendas con Pablo: el ministerio bivocacional

Por Gadiel Ríos

R amón es un gran amigo a quien aprecio mucho. Lo conozco hace varios años ya, y comparto con él muchas experiencias de vida. Hace más de veinticinco años (¡y con un par de canas menos!) estudiamos Ingeniería Mecánica en el mismo campus universitario. Luego nos fuimos a trabajar a la industria manufacturera, donde hasta el día de hoy laboramos en posiciones gerenciales muy estresantes y competitivas.

Él y yo también somos pastores.

Ramón ha pastoreado fielmente una pequeña iglesia rural de su denominación por más de veinte años. No cobra un centavo, pues son sus propios diezmos los que sostienen la obra. De vez en cuando recibe miradas sospechosas de sus «compañeros de milicia» cuando les comenta que todavía labora «secularmente».

Lo mismo me pasa a mí. Planté una iglesia independiente hace trece años, y en cada uno de ellos alguien me ha preguntado con una mirada algo acusadora el «porqué no me voy a tiempo completo». Ambos llevamos en el cuerpo las marcas del «pastor bivocacional». Me atrevo a decir que este es el caso de la mayoría de los pastores en el mundo hispanohablante.

UN LLAMADO ESPECIAL

¿Por qué escoger este camino? ¿Por qué la complicación del doble trabajo y la doble carga de estrés? ¿Por qué el martirio de terminar una jornada laboral diaria para comenzar el «turno de la noche» con los asuntos de la obra de Dios? La razón es sencilla: porque ese es nuestro llamado de parte de Dios, y no podemos violentarlo. La soberanía y la gracia de Dios sobre nosotros se ha manifestado con ese arreglo de vida que ciertamente impone una fuerte carga física y emocional, pero a la vez nos permite ver frutos que de otra manera no podrían ser cosechados. Dios lo ha querido así, y nos toca a nosotros vivir en fidelidad para su gloria.

En las Escrituras vemos algunos ejemplos de personajes que laboraron en varias esferas de la sociedad y a la vez trabajaron significativamente en la obra del Señor. Cuando de pastores bivocacionales se trata, el caso de Pablo es el más conocido. En sus cartas, Pablo ciertamente defiende el derecho que el pastor tiene a ser compensado financieramente por su trabajo (1 Timoteo 5.18), pero en su caso particular, decidió en varias ocasiones sostenerse a sí mismo con su labor comercial (Hechos 18) para no entorpecer la obra y el testimonio.

En el Antiguo Testamento vemos figuras como Daniel, quien laboró en la política y administración pública, y fue usado por Dios en el desarrollo de su plan de salvación, aunque ciertamente no en un rol sacerdotal o pastoral. Un ejemplo más reciente es el multifacético Abraham Kuyper (1837-1920): teólogo, pastor, profesor universitario y profuso escritor nacido en los Países Bajos, quien también trabajó intensamente en la vida pública de su país, fundando la Universidad Libre de Amsterdam y el Partido Antirrevolucionario. Kuyper llegó a ser diputado y primer ministro de la nación. Ciertamente, la enorme carga de sus múltiples roles tuvo efectos adversos en su salud física y emocional de tiempo en tiempo, pero su influencia está sintiéndose cada vez más fuerte en los círculos evangélicos y reformados de occidente.

¿CÓMO MANEJAR EL MINISTERIO BIVOCACIONAL?

Siendo este llamado tan difícil y complicado, ¿cómo podemos manejar la tarea bivocacional? Entre las experiencias vividas, las exhortaciones de gente de Dios, y el compañerismo de algunos santos que ayudan a llevar la carga, quisiera proponer algunos consejos para aquellos que están llamados a servir en ambas esferas al mismo tiempo:

1. *Tu familia es primero*

Este consejo es para todo tipo de ministerio pastoral, y en el bivocacional resulta imprescindible. En este mismo libro hay un par de capítulos que tratan específicamente sobre el matrimonio y los hijos. El doble cansancio producirá doble oportunidad para el desánimo y la tentación, lo cual puede destruir un matrimonio en un abrir y cerrar de ojos. Asimismo, la negligencia en el uso del tiempo que debemos dedicar a nuestros hijos ciertamente arruinará sus vidas espirituales, y no hay cantidad de éxito ministerial o profesional que compense eso.

Asegúrate de priorizar a tu familia, de agendar tiempo para ellos, y de que sepan que son lo más importante en tu vida.

2. Tu tiempo es limitado

La iglesia y tú mismo deben entender esto. El pastor bivocacional no puede manejar la cantidad de asuntos que el pastor a tiempo completo logra realizar en el mismo período de tiempo. La congregación tiene que ser educada en cuanto a las limitaciones reales que tiene su pastor principal, y a la vez el pastor tiene que autoimponerse restricciones en cuanto a la cantidad de trabajo pastoral que podrá realizar.

Habla honestamente con tu iglesia. Deja que te conozcan. Que sepan que aunque estás ocupado, también tienes un profundo interés en ellos.

3. La pluralidad de ancianos es vital

Como resultado del punto anterior, escoger e instalar un grupo de ancianos/pastores que se dividan las responsabilidades del cuidado de la congregación será vital para la salud y la seguridad de la obra. En mi caso, mis talentos más fuertes son en la visión estratégica, la enseñanza y la predicación. Dios me ha dado la oportunidad de tener trabajando conmigo a varios varones de Dios que están retirados de la vida laboral y llevan la carga del cuido pastoral en mi lugar durante la semana (visitación a hogares,

> El pastor bivocacional no puede manejar la cantidad de asuntos que el pastor a tiempo completo logra realizar en el mismo período de tiempo.

hospitales, funerarias y consejerías, etc.). El capítulo 14 de este libro («El pastor y su equipo de trabajo») te ayudará en este sentido.

4. Los descansos frecuentes son necesarios

El cuerpo y el alma se resentirán por la cantidad de trabajo y ansiedad a la que están siendo sometidos. Es imperativo que nos desconectemos frecuentemente de la labor ministerial para poder recargar las baterías y aclarar nuestro pensamiento. En mi caso, unas cortas vacaciones de fin de semana cada trimestre es lo mínimo que necesito para poder lidiar con la carga del ministerio. No necesariamente estamos hablando de salir a un hotel lujoso y gastar dinero, sino más bien de desconectarse totalmente de la actividad de la congregación, confiando en que el Dios de la obra cuidará muy bien de ella.

En este punto podemos añadir que, de ser necesario, algunos períodos de descanso más extensos (descanso «sabático») podrían ser requeridos cuando el cansancio mental o alguna crisis física nos domine. En las biografías de Kuyper y Spurgeon podemos encontrar que esos períodos extensos de descanso fueron los que sostuvieron a estos grandes hombres en tiempos de enfermedad o depresión severa. El pastor José Mercado abunda sobre este tema en el capítulo 9 («El descanso del pastor»).

5. Los amigos pastorales son críticos

Es imperativo, necesario y esencial que le pidamos a Dios que nos provea de «amigos pastorales». Es decir, compañeros de ministerio (preferiblemente que no estén involucrados en nuestra congregación local), que sean gente honrada, íntegra y extremadamente confidencial, con los cuales podamos discutir nuestras más profundas ansiedades, y podamos confesar nuestras tentaciones y caídas (Santiago 5.16). Somos ejemplo para la iglesia que el Señor ha puesto en nuestras manos (1 Timoteo 4.12), y es importante entender que una caída nuestra tiene efectos devastadores en la vida espiritual de mucha gente.

Por lo tanto, es necesario que podamos lidiar a tiempo con nuestras crisis personales, asuntos matrimoniales, tentaciones sexuales, financieras o de otra índole, así como con cualquier otro asunto que requiera de intervención en crisis. Para ello están nuestros confidentes, nuestros verdaderos compañeros de batalla, los que no estarán ahí para juzgar y criticar, sino para cuidar y corregir con amor y desinterés.

6. Tu vida devocional será tu arma de victoria

Nuevamente, este consejo se puede aplicar a todo ministerio pastoral. Sin embargo, la limitación de tiempo y energías del pastor bivocacional hace más urgente cuidar nuestras disciplinas espirituales. Sin duda, cuando he pasado tiempo con Dios en oración privada, además de leyendo intensamente la Palabra, estoy más preparado para la batalla, y veo la mano de Dios operando en la congregación. Asimismo, la práctica regular del ayuno y la meditación en silencio son fuentes de fortaleza espiritual muy necesarias para nuestra labor.

En mi caso particular, las primeras horas de la mañana son en las que mejor me puedo concentrar en la oración y la lectura.

Adicional a esto, la lectura regular de libros doctrinales, de vida cristiana, históricos, apologéticos y de biografías aportan significativamente al crecimiento ministerial, por lo que lucho por no dejar caer este hábito que tanto beneficio ha traído a mi vida. Finalmente, encuentro muy saludable participar en conferencias pastorales, pues me permite expandir la visión ministerial y conocer a otros pastores que motivan mi fe para creerle a Dios cada día más.

En una ocasión, mientras debatía acerca de una decisión ministerial que debía tomar, un amado pastor me comentó: «Tranquilo, que el que invitó, paga». No importa cuán difícil y cuesta arriba sea el camino por el cual nos ha adentrado el Señor de la mies, la victoria final es segura, porque Él es quien produce en nosotros tanto «el querer como el hacer, por su buena voluntad» (Filipenses 2.13, RVR1960). Si Dios llamó, Dios capacitará y sostendrá su obra hasta el final de los tiempos. Y cuando Él venga, es mejor que nos halle haciendo lo que nos mandó a hacer, pues así recibiremos la corona eterna por haber hecho fielmente lo poco que nos tocó hacer, y por supuesto, habiéndolo hecho para su gloria.

Capítulo 7

Las disciplinas espirituales del pastor

Por Andrés Birch

Hablar de «las disciplinas espirituales del pastor» es realizar tres preguntas: (1) ¿se debe usar la palabra «disciplinas» en este contexto?; (2) al hablar de «disciplinas espirituales», ¿no corremos el riesgo de dividir la vida en «lo espiritual» y «lo no tan espiritual»?; y (3) ¿son «las disciplinas espirituales del pastor» diferentes de las de cualquier otro creyente? Intentaré justificar el título de este capítulo de tres maneras.

Primeramente, el apóstol Pablo se compara con un atleta y da a entender que él necesita la misma disciplina que un atleta, o incluso más (1 Corintios 9.24–27). Me parece necesario que recuperemos el concepto bíblico de la disciplina en la vida cristiana, especialmente en este tiempo que celebra la indisciplina.

Segundo, el hecho de hablar de «disciplinas espirituales» no quiere decir que los demás aspectos de la vida del pastor no sean espirituales, o que sean menos importantes. Se trata, simplemente, de una manera de hablar de los medios provistos por el Señor para la santificación de todos los creyentes y, entre ellos, de los pastores.

Tercero, no es que la santificación de los pastores sea diferente de la de cualquier otro creyente (como veremos más adelante). Sin embargo, debido a la posición de los pastores en el pueblo de Dios es, si cabe, *aún más importante que los pastores trabajen su relación con el Señor y cuiden su salud espiritual.*

Entonces, ¿cuáles son esas «disciplinas espirituales del pastor»?

1. LA BIBLIA

Aunque todos los llamados «medios de gracia» son regalos del Señor para nuestra salvación y para nuestro crecimiento espiritual, me atrevería a decir que la Biblia, la Palabra de Dios escrita, es el «medio de gracia» número uno, por la sencilla razón de que es por excelencia el medio por el cual el Señor nos habla, ¿y qué puede ser más importante que eso?

> Aún más importante que los pastores trabajen su relación con el Señor y cuiden su salud espiritual.

Si es así en cuanto a las personas en general, ¡cuánto más en el caso de los pastores puestos en el rebaño por el Espíritu Santo! (Hechos 20.28). El apóstol Pablo le dijo al pastor Timoteo: «Ten cuidado de ti mismo y de la enseñanza» (1 Timoteo 4.16). Esta frase resume el porqué todos los pastores necesitan leer, estudiar y meditar en la Biblia. Sin esa disciplina, el pastor espiritual no podrá estar bien con Dios, y por ende, no puede enseñar a otros.

Permíteme compartir tres reflexiones al respecto, igual de aplicables para mi vida:

No leer la Biblia como «profesionales»

Cuidado con leer la Biblia en busca de sermones. Otra cosa es que el Señor nos dé un mensaje cuando leemos su Palabra, pero debemos leerla como personas y como creyentes, no como «profesionales». Nuestro deseo debe ser escuchar al Señor, profundizar nuestra relación con Él, alimentar nuestra alma y crecer espiritualmente.

Leer toda la Biblia, una y otra vez

Leer toda la Biblia en un año es bueno, pero no es la única ni la mejor manera para todo el mundo. El peligro es leer mucho, pero estudiar y meditar poco. Aunque yo utilizo diferentes planes, el que más uso consiste en leer cada año la mitad del Antiguo Testamento y todo el Nuevo Testamento. Y en cuanto al Antiguo Testamento, leo la mitad de los diferentes tipos de libros (del Pentateuco, de los libros históricos, de los libros poéticos y de los libros proféticos) cada año. Son dos capítulos cada día, que ni es poco ni es demasiado. Pero es importante leer toda la Biblia, una y otra vez.

Leer, estudiar y meditar

Estudiar la Biblia es más que solo leerla, y meditar en ella es más que solo estudiarla. Y necesitamos hacer las tres cosas. Aquí una recomendación: ir de más a menos. Déjame explicarlo. Por ejemplo, lee un capítulo o dos, estudia un párrafo o dos, y medita en un versículo o dos. Y para estudiar y meditar, aprovecha las herramientas que hay: Biblias de estudio, comentarios bíblicos, mapas, etcétera. Y hablando de comentarios bíblicos, aunque no los veamos como libros para leer de principio a fin, intento hacer eso: leer cada año dos o tres buenos comentarios bíblicos de principio a fin.

2. LA ORACIÓN

El segundo «medio de gracia» más importante es, sin duda, la oración. El Señor nos habla a través de su Palabra, y nosotros le hablamos a Él principalmente a través de la oración.

Sobre este tema también ofrezco tres reflexiones:

Cultivar los cuatro tiempos de oración

¿Cuáles son esos cuatro tiempos de oración?

1. Los tiempos a solas con el Señor.
2. Orar sin cesar.
3. Los tiempos extraordinarios de oración.
4. Los tiempos colectivos de oración.

En cuanto al primero, cada creyente —y cada pastor— necesita esas citas diarias a solas con el Señor. La disciplina de la oración no es «legalismo». ¡No creamos esa mentira del diablo! Es uno de los pilares de nuestra relación con el Señor. Luego, orar sin cesar es vivir conscientes del Señor a lo largo de cada día, aun cuando no podamos cerrar los ojos y hablar con Él directamente. Las oraciones extraordinarias son esas «flechas» espirituales que lanzamos hacia el cielo cada vez que surge una situación urgente. Y además de todas esas oraciones individuales, ¡qué importante es que los pastores oremos con otras personas! Empezando en casa con la familia, continuando con las personas con quienes entramos en contacto, y en las reuniones normales de la iglesia local.

Trabajar los cinco tipos de oración
¿Cuáles son?

1. Las oraciones de alabanza.
2. Las oraciones de confesión de pecado.
3. Las oraciones de acción de gracias.
4. Las oraciones de intercesión.
5. Las oraciones de petición.

Muchos de nosotros tendemos a «especializarnos» en algunos de estos tipos de oración y a descuidar otros. He observado que el orden más frecuente es: (1) petición; (2) intercesión; (3) acción de gracias; (4) alabanza; y (5) confesión de pecado. Tal vez tu caso sea diferente. Pero me atrevería a sugerir que la mayoría de nosotros necesitamos reconocer y corregir cierto desequilibrio en nuestra manera de orar. Por ejemplo, la alabanza no es igual que la acción de gracias, y es muy fácil pasar, casi de forma inconsciente, de aquella a esta. ¿No se deberá esto, a veces, a cierto egocentrismo de nuestra parte? ¿Por qué no se oyen más oraciones de confesión de pecado, incluso colectivas, como en Esdras 9, Nehemías 1 y Daniel 9?

> La mayoria de nosotros necesitamos reconocer y corregir cierto desequilibrio en nuestra manera de orar.

Y si usas una lista para tus oraciones de intercesión, ¡no dejes que tu lista domine demasiado tus oraciones!

Mantener abierta la línea de comunicación

Esta tercera reflexión tiene algo que ver con la idea de «orar sin cesar», pero con una diferencia importante: se trata de oraciones como tales, palabras dirigidas al Señor, a lo largo de cada día. Se dice que aunque Spurgeon no oraba por más de quince minutos seguidos, rara vez pasaban quince minutos sin que volviera a orar.

A mí me ayuda mucho decirle al Señor a lo largo de cada día: «¡Ayúdame, Señor!», o «¡Gracias, Señor!». Leí en algún libro sobre la oración que esas dos oraciones sencillas resumen la esencia de la oración... sin olvidarnos de los otros tipos. Ya sea que estemos en casa, en la calle, en la carretera, o cualquier otro lugar, proferir esas pequeñas exclamaciones de oración nos ayudará a mantener abierta la línea de comunicación con el Señor.

3. OTRAS DISCIPLINAS

Aunque la Biblia y la oración sean los dos «medios de gracia» más importantes, tanto para las personas en general como para los pastores en particular, no son los únicos. Yo añadiría a la lista estos elementos:

1. Participar de las ordenanzas, el bautismo y la Cena del Señor, como creyente necesitado y no solo como el que preside.

2. La lectura de buenos libros cristianos (de todo tipo).
3. Reunirse de forma regular con otros pastores y líderes.
4. Escuchar buenas predicaciones (por lo menos de vez en cuando).
5. Saber aprovechar las nuevas tecnologías para la edificación personal.

Nuestras necesidades espirituales

Antes de ser pastores, somos personas y creyentes. Los pastores tenemos las mismas necesidades espirituales que los demás creyentes, y estamos en la misma etapa de la salvación que ellos, la etapa de «la salvación presente»: la santificación. Y los mismos medios de gracia que nos regaló el Señor para llevarnos a la salvación son los que sirven también para nuestra santificación.

Todo eso con el factor añadido de que, por el hecho de ser pastores, hay otra serie de personas que necesitan que estemos espiritualmente bien, y que si no lo estamos, van a verse afectadas, ya que nuestros ministerios son, o deben ser, «medios de gracia» para nuestras ovejas también.

«Y para estas cosas ¿quién está capacitado? [...] Esta confianza tenemos hacia Dios por medio de Cristo: no que seamos suficientes en nosotros mismos para pensar que cosa alguna *procede* de nosotros, sino que nuestra suficiencia es de Dios» (2 Corintios 2.16b; 3.4–5).

Capítulo 8.

La importancia de la lectura para la vida del pastor

Por Salvador Gómez

Tenemos que admitir que los ojos son una maravilla. Toda la creación es maravillosa, pero el hombre es una criatura más maravillosa que el resto. Y cuando nos detenemos a considerar las partes y los sistemas que lo conforman, nos quedamos absortos. ¡Qué máquina! Desde la protección de la piel hasta el bombeo del corazón; desde la mecánica de las rodillas hasta la complejidad del cerebro. Es evidente que nuestro Dios se esmeró en formar al hombre.

Ahora, volvamos a los ojos. Los hombres han tratado de replicar su funcionamiento en el diseño de las cámaras, pero ninguna se puede comparar con el ojo humano. Los animales también tienen ojos, pero no es lo mismo. La combinación de la inteligencia humana con los ojos le provee al hombre un privilegio sin igual. Nuestro cerebro puede procesar lo que ve, retener lo más importante, y utilizar la información de manera única.

El problema es cuando no aprovechamos esa capacidad.

«El que sabe leer y no lee, no tiene ninguna ventaja sobre aquellos que no saben leer»,[1] dijo Mark Twain. Ninguno de los dos lee, pero por razones completamente distintas. Uno no tiene el privilegio de saber leer. El otro lo tiene, pero lo desperdicia.

Se dice que la competencia de Netflix no son otras compañías, sino la falta de tiempo de los usuarios para continuar viendo series y películas. Algunos quisieran no tener que dormir para poder ver el próximo episodio. Sus vidas ya no se cuentan en términos de tiempo, sino en términos de series de televisión. Y así se las pasan, matando el tiempo.

Pareciera que el sueño también es la competencia de la lectura, pero esto se debe a que a muchos leer les parece aburrido. Por su parte, el cristiano sabe que los buenos libros tienen un enorme potencial de hacer bien. Para ello, no obstante, hay que leerlos. El pastor bautista Ernest Reisinger escribió un párrafo muy estimulante sobre los efectos multiplicadores que los libros pueden tener:

> Un libro de Richard Sibbes, uno de los escritores puritanos selectos, fue leído por Richard Baxter, el cual fue grandemente bendecido por este. Luego Baxter escribió *Llamado a los no convertidos*, el cual influyó profundamente en Philip Doddridge, quien a su vez escribió *El surgimiento y progreso de la religión en el alma*. Este libro impulsó al joven William Wilberforce a pensar seriamente en la eternidad; luego Wilberforce vino a ser un hombre de estado inglés y enemigo de la esclavitud. Escribió su *Libro práctico sobre el cristianismo*, el cual incendió el alma de Leigh Richmond. Richmond, por su parte, escribió *La hija del lechero*, un libro que llevó a miles al Señor y que ayudó, entre muchos otros, a Thomas Chalmers, el gran predicador.[2]

Miles de vidas quedaron marcadas por esos libros. Pero, ¿cómo? ¿Por comprarlos? ¿Por colocarlos en sus bibliotecas? No. Esos libros hicieron una diferencia porque fueron leídos. Ciertamente hay grandes ventajas en tener una biblioteca compuesta de buena literatura. Sin embargo, no hay diferencia entre una buena o mala biblioteca si nadie lee sus libros. Los pastores no estamos llamados a ser coleccionistas de libros, sino lectores.

Nunca he podido olvidar un artículo que Maurice Roberts escribió hace muchos años para la revista *The Banner of Truth* [El estandarte de la verdad] cuyo título era: «Preparando un asalto metódico a los libros que tenemos sin leer». ¡Tantos libros y tan poco tiempo para leerlos! ¿Qué pastor no ha sentido esa frustración?

> Ciertamente hay grandes ventajas en tener una biblioteca compuesta de buena literatura. Sin embargo, no hay diferencia entre una buena o mala biblioteca si nadie lee sus libros.

No podremos leer todos los libros, pero sí podemos leer los mejores. Nuestro compromiso no es leer por leer, sino leer para la gloria de Dios.

Por amor a Cristo, ¡lee!

COMIENZA POR LA LECTURA DE LA PALABRA

Somos pastores, sí, pero también somos ovejas del Buen Pastor. Necesitamos ser llevados a sus pastos verdes. Al leer el salmo 119 y observar el lugar que ocupaba la Palabra del Señor en el corazón del salmista, no se puede evitar la pregunta: ¿es la disposición de los pastores distinta? El salmista se gozaba y deleitaba en las

Escrituras (vv. 14, 47, 72, 77, 111 y 127), deseaba aprender de las Escrituras (vv. 12, 26, 27, 33 y 64), meditaba en las Escrituras (vv. 15, 23, 48, 78 y 97), y anhelaba ponerlas en práctica (vv. 32–36, 44 y 57–60).

El estándar que tenemos por delante es alto. Si hay un libro al cual nuestras almas tienen que estar ligadas, ese es la Biblia. Me gusta la máxima ministerial que nos comparte John Kitchen en su comentario a las Epístolas Pastorales: «Un pastor debe ser un "adicto" a las Escrituras».[3] No desperdicies tus ojos, y úsalos para leer lo más valioso que podrán mirar jamás. Por amor a Cristo, lee tu Biblia. Es una carta de amor enviada desde el cielo para ti.

INCLUYE LIBROS DEVOCIONALES Y DOCTRINALES

¿Qué harías si supieras que estás viviendo los últimos días de tu vida? ¿Leerías?

En 2 Timoteo vemos al apóstol Pablo precisamente en esa situación. Él estaba preso y sabía que el tiempo de su partida estaba cercano (4.7). En esas circunstancias hace una petición a Timoteo: «Cuando vengas, trae la capa que dejé en Troas con Carpo, y los libros, especialmente los pergaminos» (v. 13). La capa cubriría una necesidad física importante: protegerse del frío. Y los libros, por su lado, suplirían una necesidad más importante aún: la salud de su alma. No importaba cuántos días le quedaban en la tierra, Pablo cuidaba tanto su cuerpo como su alma.

Reflexiona en esto. Estamos hablando del autor de trece epístolas del Nuevo Testamento. Si Pablo necesitaba leer, ¿dónde quedamos tú y yo?

Una de las grandes tentaciones del pastor es leer para alimentar a otros. Nuestro primer deber es leer para nosotros mismos. Como todo creyente, el pastor debería ser un buen lector. Pero como líder, también debe ser un buen ejemplo de lectura para los demás, y así glorificar a Cristo.

> Si Pablo necesitaba leer, ¿dónde quedamos tú y yo?

Por amor a tu familia, ¡lee!

APRENDERÁS A SER UN MEJOR ESPOSO

He trabajado como librero cristiano y he estado cerca de otros libreros, por lo que tengo conocimiento de primera mano de los hábitos del pueblo de Dios en la compra de libros. Uno de los datos más impactantes es que los libros que tratan sobre la familia son más comprados y leídos por las mujeres que por los hombres. Nosotros los pastores (o los que anhelan el pastorado), como hombres al fin, no escapamos a esas estadísticas. Por eso hago un llamado directo a que procuremos leer buenos libros que nos ayuden en la tarea que tenemos como cabezas de familia. Y la primera área que debemos dominar en ese sentido es la de ser los esposos que Dios nos ha llamado a ser.

Nos veremos tentados a comprar libros a nuestras esposas (lo cual es correcto), y a leer uno por cada cuatro que leen ellas sobre temas de familia. Sé consecuente con tu posición como líder y procura conscientemente crecer como esposo. El orgullo te llevará a pensar que no lo necesitas, algo muy lejos de la realidad.

Ama a tu mujer procurando ser un mejor marido. Debes conocer los libros que Lou Priolo y Stuart Scott escriben para los esposos, y hasta dominar su contenido. Traerá profundo gozo al corazón de tu esposa verte leyendo un libro que tenga por título *Loving Your Wife as Christ Loves the Church* [Amando a tu esposa como Cristo ama a la iglesia], como el escrito por Larry McCall.

APRENDERÁS A SER MEJOR PADRE

Como líderes en nuestros hogares también debemos ser conocedores de la mejor literatura para padres. La labor de la crianza de los hijos ocurre en varias etapas, y en cada una de ellas se espera que gobernemos bien nuestras casas y que tengamos a nuestros hijos en sujeción (1 Timoteo 3.4).

Los años formativos iniciales son cruciales. Es un período difícil de siembra. Pero como los vemos tan niños, podemos ser tentados a pensar que no son años importantes. Es todo lo contrario. Y si Dios te da más de un hijo, recuerda que cada uno es diferente al otro. Cuando crees que ya lo sabes todo, tu siguiente hijo te recordará que todavía no has aprendido como debieras.

Haz de los libros de Ted Tripp sobre la crianza una fuente recurrente del saber. Y cuando tus hijos lleguen a la adolescencia, entonces lee *Edad de oportunidad*, de su hermano Paul Tripp. Pero no te detengas ahí. Hay muchos otros libros que pueden enriquecer tu alma y ayudarte a lidiar con tu propio corazón, y así estar preparado para tratar entonces con el corazón de tus hijos. Léelos junto a tu esposa; eres un equipo con ella. Tus hijos te lo agradecerán, lo mismo que tus hijos espirituales.

POR AMOR A TU IGLESIA, ¡LEE!

Las labores de un pastor son múltiples. Tiene que recibir y enviar correos con frecuencia. Coordinar y participar en muchas reuniones («Me reúno, luego existo», dice el pastor, à la Descartes). Se encarga de bodas y funerales. Entrena nuevos líderes. En fin, es un *multitasker*, capaz de hacer y pensar cosas muy diversas. Sus hábitos de lectura incidirán en todas esas labores. Cada oficio tiene sus herramientas distintivas. Los libros ocupan un lugar central en las herramientas pastorales.

SERVIRÁ DE APOYO A TU PREDICACIÓN Y ENSEÑANZA

Lee cuando estés preparando tus sermones. Algunos calculan que una tercera parte del tiempo de la preparación de nuestros mensajes tiene que ver con la lectura. Pero aun cuando no estés leyendo para preparar un material en particular, de todos modos te estás capacitando para seguir teniendo un ministerio relevante y fructífero de predicación.

Lee acerca de la doctrina que vas a exponer, pero también lee teología sobre temas que no enseñarás en lo inmediato. Trata de conocer quiénes son los mejores autores sobre determinadas doctrinas. Ciertamente hay muy buenas teologías sistemáticas que hacemos bien en consultar, pero hay autores que han hecho aportes significativos en departamentos específicos. Recordemos también que nuestro principal interés no debe radicar en la cantidad de libros que leemos, sino en la calidad de los mismos. Eso también es parte de no desperdiciar nuestros ojos.

También puedes leer sobre temas éticos de actualidad. Dios no cambia, ni su verdad cambia, pero el mundo al que ministramos sí. Y eso exige que tengamos cierta medida de conocimiento sobre nuestro mundo y su cultura.

Debemos ser hombres del Libro, pero si nuestro mensaje ha de ser fresco y relevante, también debemos estar informados acerca del mundo que nos rodea.

TE AYUDARÁ A ACONSEJAR Y PROTEGER A LA GREY

Los pastores puritanos fueron descritos, con razón, como doctores del alma. Sus escritos nos evidencian el gran conocimiento experimental que tenían del alma humana. Quien lea los escritos alegóricos de John Bunyan terminará conociendo mucho más sobre el corazón del hombre, y conociéndose mejor a sí mismo. Y es precisamente esto lo que nos equipará para poder ministrar eficazmente a aquellos que están bajo nuestro cuidado.

Francis Bacon expresó que la lectura es lo que hace que un hombre llegue a ser completo. Yo añado que la buena lectura es lo que nos hará completos y equipados para servir mejor a los demás.

CONSEJOS FINALES

- Identifica los libros que vale la pena leer más de una vez y hazlos miembros del grupo de tus «amigos» más cercanos. Lutero decía que sus mejores amigos estaban muertos, haciendo referencia a sus libros. Puede que alguno de esos autores venga a ser «tu mejor amigo», el autor que mejor habla a tu corazón. En mi caso, Maurice Roberts es uno de ellos.

- Trata de aprender a leer en inglés. Agradezcamos a Dios porque cada vez tenemos más recursos disponibles en español, pero en inglés encontrarás más volúmenes disponibles, y mejores precios y oportunidades.

- Aprovecha lo mejor de ambos mundos: material y digital. Algunas personas ni siquiera hacen el intento de leer libros electrónicos. Aunque no sea el método de tu preferencia, no conviertas en una ley inquebrantable el no leer otra cosa que no sean libros físicos, pues saldrás perdiendo tú y los que te escuchan. Cada formato tiene sus fortalezas y debilidades.

- No te olvides de los audiolibros. Ya sea que los descargues de internet, los escuches en línea o los reproduzcas en CD, escuchar libros en audio puede convertir muchos momentos ociosos en edificantes. Comúnmente escucho un libro al caminar o conducir. Puedes reproducirlo en tu teléfono y continuar escuchando exactamente donde te habías quedado antes. Con el tiempo te asombrarás de los libros que habrás «leído» de esta forma.

- Aunque no lo vayas a leer inmediatamente, cuando encuentres una joya, trata de adquirirla. He visto muchos libros excelentes salir de edición y desaparecer durante muchos años, especialmente en el mundo latinoamericano.

- Finalmente, no desperdicies tus ojos. Cuadran bien aquí las palabras del comediante y escritor estadounidense Groucho Marx: «Encuentro que el televisor es muy educativo. Cada vez que alguien lo enciende, me voy a otra habitación a leer un libro».[4]

Capítulo 9.

El descanso del pastor

Por José Mercado

M̲is amigos pastores me llaman «el pastor experto en vacaciones». La iglesia en donde sirvo me da una cantidad generosa de vacaciones al año para descansar y dedicarle tiempo sin interrupciones a mi familia. Todos los años uso cada uno de estos días. ¿La razón? Porque tengo una importante convicción bíblica: mi esposa y mis hijos tienen prioridad sobre la iglesia. En esos días de vacaciones puedo demostrarles cuánto significan para mí. Si desperdiciara este tiempo, les estaría comunicando lo contrario. Explico más de esto en el capítulo 11: Protegiendo a tus hijos.

Para hacer buen uso de esos días, mi conciencia debe estar convencida por la Palabra de que buscar formas de descansar es mi obligación bíblica. Quisiera dejar algo claro: no estoy diciendo que todos deban seguir el mismo patrón vacacional. La realidad de cada persona, y de cada país, es diferente. No todos irán a algún parque o pasarán una semana en la playa. Algunos no tendrán los recursos para hacerlo. Pero todos estamos llamados a descansar, reflejando así nuestro reposo en Jesús.

Miremos algunos principios bíblicos que deben capturar nuestras conciencias para ayudarnos a obedecer este importante llamado bíblico.

PRINCIPIOS DEL REPOSO

El mandato a reposar lo vemos claramente en el Antiguo Testamento. Dios llamó al pueblo a descansar por dos de sus obras: la creación y la redención.

Descanso en la creación

> Acuérdate del día de reposo para santificarlo. Seis días trabajarás y harás toda tu obra, pero el séptimo día es día de reposo para el Señor tu Dios. No harás *en él* trabajo alguno, tú, ni tu hijo, ni tu hija, ni tu siervo, ni tu sierva, ni tu ganado, ni el extranjero que está contigo. Porque en seis días hizo el Señor los cielos y la tierra, el mar y todo lo que en ellos hay, y reposó en el séptimo día; por tanto, el Señor bendijo el día de reposo y lo santificó. (Éxodo 20.8–11)

El llamado en Éxodo 20 a observar el día de reposo está ligado a que Dios santificó un día de reposo durante la creación. Esto es lo que se llama un mandato de la creación. Así como creemos que el matrimonio fue instituido antes de la caída, el día de reposo fue instituido antes de la caída también, por lo que todo creyente debe buscar observarlo. Ahora bien, podemos diferir sobre cómo el cristiano debe aplicar este mandato. Pero sin duda vemos que Dios instituyó un ritmo para el beneficio del ser humano, en el cual labora seis días y descansa uno. Parte de este beneficio es descansar físicamente, pero también es poder rendir adoración a Dios sin distracciones. Descansar refleja que estamos sometidos al Dios creador, confiando en Él y en su cuidado de nosotros. Descansar es un acto de adoración.

> Descansar refleja que estamos sometidos al Dios creador, confiando en Él y en su cuidado de nosotros. Descansar es un acto de adoración.

Descanso por la liberación

> Guardarás el día de reposo para santificarlo, como el Señor tu Dios lo ha mandado. Seis días trabajarás y harás todo tu trabajo, mas el séptimo día es día de reposo para el Señor tu Dios; no harás *en él* ningún trabajo, tú, ni tu hijo, ni tu hija, ni tu siervo, ni tu sierva, ni tu buey, ni tu asno, ni ninguno de tus animales, ni el extranjero que está contigo, para que tu siervo y tu sierva también descansen como tú. Acuérdate que fuiste esclavo en la tierra de Egipto, y que el Señor tu Dios te sacó de allí con mano fuerte y brazo extendido; por tanto, el Señor tu Dios te ha ordenado que guardes el día de reposo. (Deuteronomio 5.12–15)

En este pasaje, guardar el día de reposo es un reflejo del descanso que Dios le dio a Israel al liberarlo del yugo de Egipto. El creyente del Nuevo Testamento descansa en Jesús, y lo expresa adorando a Dios junto a su pueblo cada domingo. Encontramos nuestro descanso no tanto al cesar las actividades, sino al enfocarnos en aquel que da el descanso, Jesús. Esto lo vemos claramente en Hebreos 4.9–11, donde el creyente entra en el reposo mientras camina hacia el reposo eterno.

Descansamos en Jesús puesto que el reposo ya es una realidad escatológica, pero aún no se ha realizado completamente.

UNA APLICACIÓN A LOS PASTORES

El creyente laico puede aplicar estos principios de manera más sencilla. Sin importar la aplicación específica de cómo guardar el *shabat* o día de reposo, a lo largo de la historia, la gran mayoría de los creyentes han separado el día del Señor para adorar a Dios y descansar en Jesús al celebrar su resurrección.

No obstante, el pastor tiene una situación diferente. Nosotros laboramos intensamente en el día en que la comunidad descansa. ¿De qué manera puede un pastor poner en práctica estos principios bíblicos? He aquí una idea: implementa un ritmo de descanso de 6 a 1. Busca un día en la semana donde no haya correos electrónicos, consejerías o preparación de sermones. Para mí, ese día es el lunes. Intento usar ese tiempo para estar con mi familia, servir en el hogar y correr, que es una actividad que me ayuda a descansar. Sé que esto es más difícil si eres pastor bivocacional, pero tal vez puedes apartar el sábado mismo para descansar, en vez de utilizarlo para preparar el sermón del otro día. Eso va a implicar un mayor esfuerzo durante la semana, pero, si esta es la voluntad de Dios, requiere de nuestro esfuerzo, resulta en nuestro beneficio, y dependemos de la provisión del Señor.

UNA PREGUNTA IMPORTANTE

¿Debemos los pastores tomar vacaciones? Puede haber diferentes conclusiones a esta pregunta. No veo ningún mandato bíblico que nos empuje a tomar periodos largos de descanso. Quizá vemos en el Antiguo Testamento algunas celebraciones y fiestas en las cuales no se laboraba por periodos extensos, pero de aquí no podemos sacar una regla para la iglesia. Sin embargo, estoy convencido de que tomar vacaciones cae en la categoría de una práctica sabia que refleja buena mayordomía.

Yo amo ser pastor, pero la realidad es que el pastorado puede ser una carga pesada. El trabajo del pastor es algo que solo Jesús puede hacer: apacentar a las ovejas. Pastorear es una labor llena de desilusiones, momentos difíciles y cargas inimaginables. Pablo comunica esta verdad en 2 Corintios 11.28: «Además de tales cosas externas, está sobre mí la presión cotidiana de la preocupación por todas las iglesias». Entonces, es sabio apartar tiempos extendidos para descansar y enfocar nuestra atención en la familia. Además, esto nos recuerda que nuestra identidad no está en nuestro ministerio.

Muchas veces se nos hace difícil dejar nuestras iglesias debido a nuestro orgullo y falta de confianza en Dios. Pero si puedes estar fuera de la congregación y ella sigue atesorando y sirviendo correctamente a su Salvador, eso muestra que estás haciendo bien tu trabajo.

EL DESCANSO EN JESÚS

Al final, el mayor descanso que necesitamos es el descanso en Jesús. Día a día vamos ante Él para ser animados por el evangelio. La gran mayoría de los pastores «se queman» no por problemas de fuerza física, sino porque están agotados espiritualmente. De forma habitual se agotan porque no han estado descansando con frecuencia ante los pies de Jesús. Muchos de ellos han estado laborando por años como Marta, enfocados en todo lo que hacen para Jesús y no en lo que Jesús hizo por nosotros y en lo que Él es para nosotros.

> La gran mayoria de los pastores «se queman» no por problemas de fuerza física, sino porque están agotados espiritualmente.

Pastores, seamos diligentes y trabajemos fuerte. Pero también descansemos en el Señor, y reflejemos ese descanso al cesar nuestras actividades para confiar en su amor y cuidado.

Como ministros del Señor, al descansar le decimos a Dios que solo Él es soberano. Demostramos que confiamos en su cuidado de las cosas que nos importan. Él protegerá a la iglesia, Él guardará a las ovejas. Proclamamos con ese día libre que nosotros no somos Dios, sino que solo Él lo es.

Capítulo 10

Protege a tu matrimonio

Por Luis Méndez

L a vida de una pareja que sirve en el ministerio es en muchas maneras igual a la de otros matrimonios cristianos, pero con retos diferentes. Como siervos, ambos comparten el mismo amor por el Señor, su iglesia, su obra, la gente y el ministerio. Toda pareja cristiana está, en cierta forma, comprometida con apoyar las necesidades del ministerio local, pero la pareja ministerial tiene más que un simple compromiso, pues sirve como respuesta a un llamado. Este llamado viene con sus retos.

Por ejemplo, la esposa, como ayuda idónea (Génesis 2.18) debe entender y comprender claramente su llamado a completar a su esposo mientras este sirve atendiendo las necesidades del pastorado. El matrimonio que sirve en el ministerio hará sacrificios que ninguna otra pareja en la congregación tendrá que hacer, así que establecer roles bien definidos ayudará inmensamente en el liderazgo de servicio del esposo. Uno de los grandes retos será encontrar el debido balance que les ayude a

> El matrimonio que sirve en el ministerio hará sacrificios que ninguna otra pareja en la congregación tendrá que hacer.

poner los límites necesarios en sus vidas, incluyendo horarios de trabajo, tiempo de familia, vacaciones o días libres.

El pastor, como cualquier otro miembro de la familia, necesitará tiempo de descanso, tiempo de citas con su esposa, tiempo para ir al juego de fútbol de su hijo, al recital de música, y claro, tiempo para resolver asuntos del hogar. Descuidar ese balance expone gravemente a la pareja, pues se traspasan los límites del servicio y, como consecuencia, hay un deterioro en la familia y la relación, que en casos extremos provoca la salida del ministerio.

Como pastores, debemos distribuir el tiempo durante la semana, para que nos permita abarcar ordenadamente las diferentes necesidades de la vida familiar y de la iglesia. De esta manera, cada área específica recibirá la atención necesaria, sin que una socave la necesidad de la otra. Una vez establecida la asignación de tiempo por área, el reto será aprender a respetar esas prioridades en los límites de tiempo establecidos.

Entendemos bien que el ministerio puede poner en riesgo a la familia. ¿Cómo puedo evitar que el ministerio ponga nuestro matrimonio, y nuestra familia, en peligro?

CUIDANDO A OVEJAS NECESITADAS

Uno de los aspectos más particulares del llamado ministerial es aprender a manejar las demandas de las ovejas necesitadas. El autor de Hebreos nos describe enfáticamente la naturaleza de nuestro llamado con relación al cuidado de las almas. Hebreos 13.7 (RVR1960) nos instruye: «Obedeced a vuestros pastores, y sujetaos a ellos; porque ellos velan por vuestras almas, como quienes han de dar cuenta; para que lo hagan con alegría, y no quejándose, porque esto no os es provechoso».

El nuestro es un llamado sobrenatural que demanda gracia sobrenatural. Necesitamos la ayuda de Dios para eso, y la única manera en que ese cuidado espiritual resultará en algo provechoso es si somos asistidos por la gracia de Dios para hacerlo con alegría. La pregunta es: ¿cómo atender las necesidades espirituales de nuestra gente sin hacer a un lado las necesidades de nuestra familia? La respuesta es: con una necesaria planificación de prioridades. Y si queremos tener nuestras prioridades correctas, debemos huir de cualquier extremo.

EVITANDO LOS EXTREMOS

Hay dos extremos que debemos evitar en nuestro servicio a las ovejas.

El primero es la codependencia. Me refiero a una relación donde las ovejas dependen del pastor para la más mínima decisión. Esto bloquea el crecimiento natural que todo creyente debe tener de manera independiente con su pastor real, Jesucristo. En esta dinámica, la relación se define más por un control desmedido que por crecimiento en gracia.

El segundo es la sobreindependencia. Una relación donde las ovejas no tienen la más mínima conexión con el pastor, sus vidas nunca son examinadas, y no hay seguimiento en el proceso de santificación. En esta dinámica, la relación se define más por una libertad desmedida que por un cuidado espiritual.

Evitar esos extremos ayudará a nuestro matrimonio, ya que estaremos usando nuestro tiempo correctamente, de la manera en que Dios lo ha establecido para los pastores. Es decir, sin descuidar a las ovejas, y sin enseñorearnos sobre ellas.

ESTABLECIENDO HORARIOS APROPIADOS

Aunque siempre habrá excepciones, *resulta de mucha ayuda tener horarios para la atención de las ovejas*. En esas horas se pueden cubrir las necesidades de consejería, visitas y otras necesidades específicas.

> Resulta de mucha ayuda tener horarios para la atención de las ovejas.

Un pastor me cuenta que siempre que una oveja le dice que necesita una visita urgente, fuera del horario de oficina, él le ofrece reunirse a las seis de la mañana del otro día. Así, él no deja de pasar la noche con su familia, y a la vez puede atender la emergencia de la oveja. Claro, muchas ovejas luego le dicen que no era tan urgente.

La ventaja de tener este tiempo asignado es que nos permitirá una mejor administración de nuestro tiempo, para así atender las demandas de la congregación. El reto es educar a la gente a ajustarse, en la medida de lo posible, a esos horarios. Siempre habrá excepciones, pero son eso, excepciones y no reglas.

Como pareja podemos establecer ese tiempo por mutuo acuerdo, y cualquier excepción a estos horarios requerirá también de una mutua consideración.

TIEMPO PARA EL ESTUDIO

Resulta de mucha ayuda tener un horario establecido para enfocarnos en la oración y el estudio de la Palabra. Ese es el tiempo que con especial atención debemos proteger. Sabemos esto bien: no podemos dar lo que no tenemos. Si no desarrollamos una disciplina constante de invertir tiempo en la Palabra, y de buscar el rostro del Señor, se reflejará seguramente en nuestro ministerio. Este sigue siendo el aspecto que distingue a muchos pastores hoy en día. Hay más elocuencia que piedad, y más activismo que ministración del Espíritu. Hoy, como nunca antes, es necesario que como ministros volvamos a la Palabra y a cultivar el estar ante la presencia de Dios.

Cuando el apóstol Pablo quiso comunicarle esta realidad al joven pastor Timoteo, lo expresó con estas palabras:

> Entretanto que llego, ocúpate en la lectura *de las Escrituras*, la exhortación y la enseñanza. No descuides el don espiritual que está en ti, que te fue conferido por medio de la profecía con la imposición de manos del presbiterio. Reflexiona sobre estas cosas; dedícate a ellas, para que tu aprovechamiento sea evidente a todos. Ten cuidado de ti mismo y de la enseñanza; persevera en estas cosas, porque haciéndolo asegurarás la salvación tanto para ti mismo como para los que te escuchan. (1 Timoteo 4.13–16)

Si ese tiempo dedicado a la oración y la Palabra se lleva a cabo en la casa, entonces será muy provechoso que la pareja se ponga bien de acuerdo, para que se respete la privacidad y no haya interrupciones innecesarias.

SER CONSCIENTE DE LA OPOSICIÓN ESPIRITUAL

Al servir en el ministerio, estamos participando de manera extremadamente activa en una lucha espiritual. El apóstol Pablo lo ilustró:

> Por lo demás, fortalézcanse en el Señor y en el poder de su fuerza. Revístanse con toda la armadura de Dios para que puedan estar firmes contra las insidias del diablo. Porque nuestra lucha no es contra sangre y carne, sino contra principados, contra potestades, contra los poderes de este mundo de tinieblas, contra las fuerzas espirituales de maldad en las regiones celestes. (Efesios 6.10–12)

En mis veintinueve años de casado y más de dos décadas en el ministerio, esta es una de las advertencias que progresivamente más ha marcado mi entendimiento de la naturaleza de nuestro servicio. Continuamente tengo que recordar, en medio de los muchos conflictos que experimento en mi matrimonio y ministerio, que en cada cosa que me propongo hacer para el Señor existe una real, evidente, fuerte y constante oposición del enemigo.

Todos necesitamos recordar que la oposición real no es física, sino espiritual. Y si eso afecta a cada verdadero creyente, los efectos son mucho más contundentes para la pareja ministerial. En otras palabras, por causa de nuestro llamado, los ataques son más intensos.

Si el enemigo no logra distraernos de nuestro servicio mediante tentaciones inmorales, o despertando amor por el mundo, todavía lo intentará mediante conflictos en nuestra relación matrimonial. Algunas veces, un conflicto no resuelto con nuestra esposa puede drenar más el ministerio que cualquier otra situación fuera del hogar. ¡Esos ataques nunca faltarán! Pero puedes combatirlos de varias maneras.

Orando juntos

Siguiendo las instrucciones de las Escrituras, debemos tomar toda la armadura de Dios para poder perseverar. Esa armadura incluye la oración (Efesios 6.18). Una de las disciplinas espirituales más importantes es desarrollar el hábito de orar juntos todos los días. Buscar el rostro de Dios juntos, como pareja, surte un efecto muy misterioso, en el cual los corazones de ambos son enlazados profundamente. Ambos son más sensibles a la unción del Espíritu, y se facilita el proceso de reconciliación. Específicamente, debemos orar a Dios por fe, que es el escudo, un arma defensiva (Efesios 6.16) que nos ayudará a identificar y procesar correctamente la causa de los conflictos.

> Si el enemigo no logra distraernos de nuestro servicio mediante tentaciones inmorales, o despertando amor por el mundo, todavía lo intentará mediante conflictos en nuestra relación matrimonial.

Leyendo juntos

De igual manera, necesitamos invertir tiempo juntos en la Palabra. Esa es la espada (Efesios 6.17) que, como mecanismo ofensivo, nos ayudará a implementar las resoluciones adecuadas para enfrentar los conflictos.

Si los conflictos están casi garantizados, entonces el reto es acordar ser prontos en buscar la reconciliación. Los conflictos sin resolver, la falta de mortificación por el pecado, las tentaciones, los pecados secretos, la ira no resuelta, y el dejar que pase el día enojados, son serios ataques que demandarán mucha humildad e intencionalidad de nuestra parte para mantener la relación saludable.

Rindiendo cuentas

Finalmente, y como una medida de precaución frente a la inmensa responsabilidad que todo esto envuelve, es muy útil que como pareja acuerden tener un proceso de rendición de cuentas en el cual alguien con autoridad espiritual, cada cierto tiempo, supervise el matrimonio y ayude a resolver los conflictos que puedan presentarse.

Es un gran privilegio y honor resultar escogidos y llamados para ser una familia que sirve a Dios. El reto ahora es disponernos juntos, con la ayuda de Dios, a responder a los desafíos correspondientes a un llamado de esta magnitud. Considerando nuestra real incapacidad frente a una demanda tan grande, oramos junto al apóstol: «Y mi Dios proveerá a todas vuestras necesidades, conforme a sus riquezas en gloria en Cristo Jesús. A nuestro Dios y Padre sea la gloria por los siglos de los siglos. Amén» (Filipenses 4.19).

Capítulo 11.

Protege a tus hijos

Por José Mercado

Muchas veces invertimos nuestro tiempo y energía en hacer cosas que importan, y descuidamos las más importantes. Desde mi perspectiva, este es uno de los peligros principales de los llamados por Dios al ministerio. Dios nos convoca a realizar una tarea de gran importancia: cuidar de su pueblo. Pero muchas veces, por diferentes razones, tendemos a poner en un segundo plano nuestro llamado principal: cuidar de nuestra familia. En el capítulo anterior conversamos acerca de cuidar nuestro matrimonio; veamos ahora cómo cuidar a nuestros hijos.

UNA ENCOMIENDA DIVINA

Seamos francos: descuidar a nuestros hijos y familia nos descalifica para el ministerio. Vemos esto en 1 Timoteo 3.4–5: «Que gobierne bien su casa, teniendo a sus hijos sujetos con toda dignidad (pues si un hombre no sabe cómo gobernar su propia casa, ¿cómo podrá cuidar de la iglesia de Dios?)». Este texto comunica que si un pastor deja que su casa caiga en el caos, no debe gobernar la iglesia. En cierta forma, un pastor que pone a su familia en segundo plano está trayendo oprobio al evangelio. Efesios nos llama a amar a nuestras esposas como Cristo amó a la iglesia (Efesios 5.25), y a no provocar a ira a nuestros hijos (Efesios 6.4). Este comportamiento es correcto y refleja el evangelio. Así como Dios nos ama como un padre, nosotros debemos amar a nuestros hijos de forma sacrificial.

El versículo 4 de 1 Timoteo 3 nos muestra que estos hijos siguen de alguna forma el liderazgo de su papá. Es un verso muy controversial, con diferentes interpretaciones, pero podemos por lo menos ver que el pastor aquí, como padre, ha sido fiel a su llamado de gobernar su casa. Esto es algo que puede ser objetivamente medido. Fue fiel en predicarles el evangelio, discipularlos, amarlos, corregirlos, vivir una vida de testimonio en el hogar, perdonarlos y confesar sus propias fallas. Estas cosas solo pueden suceder en un ambiente donde el padre es un líder involucrado en las vidas de sus hijos.

> Seamos francos: descuidar a nuestros hijos y familia nos descalifica para el ministerio.

DE PRIMERA IMPORTANCIA

Tal vez es por la idea de que debemos dar lo mejor para Dios. O quizá sea un legalismo institucionalizado. En cualquier caso, en el ministerio hay una tentación común de pensar que si servimos a Dios, le debemos dar todo el tiempo que tenemos. También pudiera darse por tendencias pecaminosas en nuestras vidas, por el temor a que la gente se vaya de nuestra iglesia, o por satisfacer el deseo de ser aceptados.

Antes de continuar, deseo aclarar algo. Debido al énfasis que se ha puesto en los últimos años a dedicarle tiempo a la familia, en ocasiones me he encontrado con pastores que no trabajan fuerte por su congregación y no se sacrifican por el evangelio. Estamos llamados a dar nuestras vidas por esta gloriosa labor, la de pastorear al cuerpo de Cristo. No podemos usar a nuestras familias como excusas para la pereza. Ahora bien, 1 Timoteo 3 nos deja ver que, para aquellos que tenemos familia, nuestra prioridad deben ser ellos. Nuestros hijos deben estar conscientes de que ellos son lo más importante. Con esto no estamos quitándole el lugar a Dios, sino que es en la instrucción y formación de nuestros hijos conforme a su Palabra que mostramos nuestra obediencia a Él.

Hace un tiempo estaba en el proceso de reclutar conferencistas para una conferencia en Puerto Rico. Contacté a un pastor y amigo que es uno de los hombres más piadosos que conozco, y un excelente predicador de la Palabra, Mike Bullmore. Me consta que el tema que se iba a exponer en la conferencia era uno de los temas que más le apasionan: Jesús y el evangelio en toda la vida. No solo eso; si Mike aceptaba participar como orador, estaría visitando una isla tropical en el tiempo en que comenzaba el duro invierno en Wisconsin, donde reside. Después de días de oración, buscar consejo y pensar, me informó con pena que no podría aceptar la invitación. La razón era que su hijo estaría en la última temporada de fútbol americano colegial, y deseaba poder presenciar la mayoría de los juegos en esa, su última temporada. Tal vez podía pensar: *Mike, ¿cómo vas a sacrificar el servir a la iglesia por ir a un juego?* Pero en ese momento, como padre, pude relacionarme con él. Su hijo no tendría razón para dudar del amor de su padre por él.

RETOS POR DELANTE

Los hijos de pastores, durante sus años de desarrollo, enfrentan retos especiales en comparación con sus pares. Muchos tienen que lidiar con expectativas que no son realistas en cuanto a su proceso de santificación. Muchos hijos de pastores, en rebeldía, mencionan interacciones con miembros de la iglesia que marcaron sus vidas. Comentarios como: «No puedes hacer eso, tú eres el hijo del pastor», o «un hijo de pastor no se comportaría de esa forma», ejercen una presión innecesaria y, para muchos, insoportable sobre su vida. En este sentido, procuro animar a las congregaciones a darles el espacio debido a los hijos de pastores para que puedan caminar en su fe de una forma que sea llena de gracia.

Un error que podemos cometer es no establecer expectativas bíblicas para nuestros hijos a fin de liberarlos de esta presión de la congregación. En casa les decimos a nuestros hijos: «Si papi fuera plomero, ingeniero o albañil, nada cambiaría. Todos estamos llamados a dar nuestras vidas por la iglesia, a vivir vidas de piedad, y a reflejar el evangelio con nuestras vidas». Aunque es una realidad que nuestros hijos enfrentan retos, muchas veces les hacemos más daño al no presentarles los estándares bíblicos.

UNA BENDICIÓN DE LO ALTO

Una de las tentaciones más comunes a todos los hombres es el temor. Esta tentación se intensifica y toma un sabor particular para los pastores padres de familia. Temor a que mi hijo se pierda, temor a que me descalifique del ministerio, temor a que ellos queden marcados para siempre. Nunca debemos dejar que el temor nos impulse o paralice, pues el temor es incredulidad. Debemos encontrar convicciones bíblicas que nos lleven a prácticas que reflejen el evangelio en la vida de nuestros hijos.

Vemos en Éxodo 12 y 13 el llamado a pasar la Pascua de generación en generación. Este es un llamado eterno que en el nuevo pacto se refleja en darle prioridad a la vida de la iglesia en nuestra familia. Así que no debemos tener miedo de restringir actividades en la vida de nuestros hijos que interfieran con la iglesia. Esto lo hacemos porque tenemos convicciones bíblicas de que la vida de la iglesia es de primera importancia. No porque seamos la familia pastoral, sino porque es algo que Dios nos llama a hacer. De esta forma, las convicciones bíblicas deben realzar todas las áreas de cómo criamos a nuestros hijos.

> No debemos tener miedo de restringir actividades en la vida de nuestros hijos que interfieran con la iglesia.

Una tentación provocada por el temor es no disfrutar la bendición que son los hijos. El salmo 127 dice que los hijos son un regalo de Dios mismo. Durante la crianza, podemos ser dominados por el temor y olvidar disfrutarlos. Ellos perciben si los vemos como bendición o carga. Pero el evangelio moldea nuestra crianza. Nuestros hijos deben saber que no hay nada que puedan hacer que haga cambiar nuestra disposición hacia ellos. Siempre los amaremos. Pueden descalificarnos del ministerio, pueden avergonzarnos, pueden sacarnos canas… pero siempre deben sentir que los amamos. Ese es el efecto del evangelio en la crianza.

HIJOS PARA LA GLORIA DE DIOS

Una amiga, hija de pastor, una vez nos contó una historia. Su papá comenzó en el ministerio cuando ella tenía diecisiete años, así que no experimentó la niñez como hija de pastor. En un retiro congregacional de familias pastorales, los hijos subieron a la tarima y uno a uno compartieron lo heridos que estaban porque su papá había puesto el ministerio por encima de ellos. Yo uso esa historia frecuentemente con mi esposa. Le digo que es mi intención que mis hijos sepan que son una prioridad para mí. Que no les demos razones para subir a una tarima a decir que no los amamos. Si ellos deciden no servir al Señor, podremos con conciencia tranquila decir: «Hice lo mejor que pude. No para sentirme tranquilo, sino porque traté de glorificar a Dios».

> Siempre los amaremos. Pueden descalificarnos del ministerio, pueden avergonzarnos, pueden sacarnos canas... pero siempre deben sentir que los amamos.

Muchos se refieren a la crianza de los hijos como lo más difícil que han hecho en sus vidas. Si se le añade el reto de hacerlo estando laborando en el ministerio, el asunto se complica más. Pero es bueno cuando las cosas se complican, porque nos llevan a depender más de Dios. Si somos llamados por Dios para servirle en el ministerio pastoral, debemos ir diariamente al Señor a clamar por su ayuda en esta tarea tan hermosa que nos ha dado, no solo de pastorear, sino de criar a nuestros hijos para su gloria. En su providencia, Él puede glorificarse salvándolos, y en su gracia, Él puede usarnos en este proceso.

Capítulo 12

Predica la Biblia: ¿por qué?

Por Sugel Michelén

En el año 1977, unas pocas semanas después de mi conversión, fui a visitar una iglesia. El pastor había llegado de viaje esa semana y por la forma en que predicó, supongo que había encontrado algunos problemas en la congregación.

Cuando anunció su texto bíblico, me sentí muy entusiasmado y expectante: el sueño de José en Génesis 37. En ese momento no tenía ideas muy claras acerca de la predicación en general, y mucho menos de lo que implicaba exponer un pasaje del Antiguo Testamento en el marco de la gran historia de la redención. Pero aun así fue muy decepcionante ver lo que el predicador hizo con ese pasaje de Génesis.

Si mi memoria no me falla, inmediatamente después de leer las Escrituras, comenzó diciendo que él también había tenido un sueño: había soñado que los hermanos de la iglesia se amaban entre sí, que no chismeaban unos acerca de otros, y cosas por el estilo. El relato bíblico se quedó en la plataforma de lanzamiento después de disparar hacia el espacio el cohete de sus propias opiniones e inquietudes.

Han pasado muchos años desde ese incidente y, gracias al Señor, he tenido la bendición de escuchar a muchos predicadores buenos predicando excelentes sermones de las Escrituras. Pero debemos reconocer con tristeza que, dentro del mundo evangélico, no abunda la predicación que expone lo que el texto bíblico realmente dice. No lo que el predicador cree que dice, o lo que la iglesia quiere que diga, sino lo que el Espíritu Santo quiso comunicarnos en ese pasaje de las Escrituras.

Esa es una de las razones por las que la iglesia de Cristo está languideciendo en muchos lugares: la falta del alimento sólido de la Palabra de Dios. Y es la predicación expositiva regular en nuestras iglesias lo que garantiza que nuestras ovejas sean alimentadas. Por predicación expositiva nos referimos al tipo de predicación que toma un texto de las Escrituras, a veces una línea de un pasaje, y expone lo que enseña en su contexto y en el contexto más amplio de la historia redentora. Ese es el tipo de predicación al que todo pastor debe apuntar.

> Esa es una de las razones por las que la Iglesia de Cristo está languideciendo en muchos lugares: la falta del alimento sólido de la Palabra de Dios.

EL PROBLEMA PLANTEADO

En 2 Timoteo 3.1 vemos el planteamiento de un problema: «Pero debes saber (comprender) esto: que en los últimos días vendrán tiempos difíciles».

En el Nuevo Testamento la frase «los últimos días» no se usa para referirse primariamente a los días que anteceden a la venida del Señor, sino más bien a esta última etapa en la historia de la redención en la que nos encontramos y que empezó en el día de Pentecostés (Hechos 2.16–17; 1 Juan 2.18).

De manera que nosotros, lo mismo que Timoteo, nos encontramos dentro de ese período que Pablo describe como «tiempos difíciles». ¿Y cuál es la naturaleza del peligro que tanto Timoteo como nosotros tenemos que enfrentar? Lo vemos en los próximos versículos:

> Porque los hombres serán amadores de sí mismos, avaros, jactanciosos, soberbios, blasfemos, desobedientes a los padres, ingratos, irreverentes, sin amor, implacables, calumniadores, desenfrenados, salvajes, aborrecedores de lo bueno, traidores, impetuosos, envanecidos, amadores de los placeres en vez de amadores de Dios; teniendo apariencia de piedad, pero habiendo negado su poder; a los tales evita. (2 Timoteo 3.2–5)

Alguien pudiera decir que esos rasgos de carácter han estado presentes entre los impíos desde que el mundo es mundo. Y es cierto. Pero lo que Pablo nos dice aquí es que en los postreros días estas cosas no solo se van a manifestar en el mundo, ¡sino también en la iglesia! Las personas que Pablo está describiendo aquí no están fuera de las iglesias, ¡están dentro! (2 Timoteo 3.5, 8).

UN CUADRO ATERRADOR

Esto da miedo. ¿Cómo se supone que los ministros del evangelio vamos a poder hacer la obra del Señor cuando este tipo de personas tratará de infiltrarse en las iglesias disfrazadas de ovejas? Algo interesante en esta lista de adjetivos es que comienza con dos palabras que en el idioma original poseen el prefijo griego *philos*: «amadores de sí mismos» y «avaros» (φίλαυτοι, φιλάργυροι), y concluye con otras dos palabras que poseen el mismo prefijo: «amadores de los placeres en vez de amadores de Dios» (φιλήδονοι μᾶλλον ἢ φιλόθεοι). De manera que el problema de esta gente no radica en que hacen cosas malas; se trata de algo más profundo. Sus corazones están tan dañados que aman lo que no deben amar, y aborrecen lo que no deben aborrecer.

Es de esa fuente corrupta que brota todo lo demás. ¿Hay algo que nosotros como pastores podamos hacer que sea capaz de cambiar radicalmente el curso de los afectos de estas personas? ¿Existe algún programa, alguna charla motivacional o predicación terapéutica que sea capaz de hacer eso? ¡Por supuesto que no!

Estas personas no pueden cambiar porque no quieren cambiar. Ellas aman lo que aman, de manera que nosotros no tenemos capacidad en nosotros mismos para cambiar la inclinación de sus corazones. Esa es una de las razones por las que el ministerio nunca ha sido fácil y nunca lo será (2 Timoteo 3.10–13).

Esta no parece ser una nota muy alentadora para un joven pastor como Timoteo, que para colmo de males parecía tener una tendencia a retraerse. ¿Qué consejo podemos darle a un pastor joven como Timoteo ante la realidad de los problemas y dificultades que va a tener que enfrentar en un mundo tan dañado como este?

Aquí es donde entran en juego los expertos en mercadotecnia eclesiástica diciéndonos que debemos ser innovadores, y esforzarnos para que la iglesia no se vea tan diferente al mundo que la rodea, a fin de no amedrentar a los incrédulos para que se sientan lo más cómodos posible en medio nuestro.

Pero eso no es lo que Pablo le dice a Timoteo. La forma más eficaz de alcanzar al mundo con el evangelio no es dándole a la gente las mismas cosas que ya tienen en el mundo, sino ofreciéndoles una alternativa que solo Dios puede proveer: el poder omnipotente de su Palabra.

UN MARCADO CONTRASTE

En 2 Timoteo 3.14–17 vemos un marcado contraste. «Tú, sin embargo...», comienza Pablo (3.14). Esta es la línea que separa a los pastores falsos de los verdaderos. Pablo advierte a su discípulo que vendrán engañadores, por lo cual debe mantenerse firme en la Palabra. Entonces le da tres razones para hacerlo.

1. *La Palabra da sabiduría*

En primer lugar, solo las Sagradas Escrituras «pueden dar la sabiduría que lleva a la salvación mediante la fe en Cristo Jesús» (2 Timoteo 3.15). Ningún otro libro en el mundo puede hacer eso. Solo la Biblia posee un testimonio fidedigno acerca de Cristo, y solo ella tiene el poder para llevar a Cristo.

La Biblia no fue escrita para enseñarnos cómo vivir nuestra mejor vida ahora, sino más bien para hacernos ver nuestra necesidad de un Salvador, y para guiarnos eficazmente a poner nuestra confianza en ese Salvador, dado que Cristo es el centro de las Escrituras (Lucas 24.25–27; 1 Pedro 1.10–12). Puedes ver el próximo capítulo para entender un poco más de esto.

2. *El origen de la Palabra es Dios*

En segundo lugar, Timoteo debía mantenerse firme en la Palabra debido al origen de la Palabra: «Toda Escritura es inspirada por Dios» (2 Timoteo 3.16a). Estamos tan acostumbrados a decir que la Biblia es la Palabra de Dios que fácilmente podemos perder de vista lo extraordinario de ese hecho.

Pero Timoteo era judío, y él sabía lo que implicaba que este libro fuera la Palabra «exhalada» por Dios (que es lo que la palabra «inspirada» significa aquí). Él sabía que desde el principio de la creación, todo lo que Dios ha hecho, lo ha hecho a través de su Palabra. En el principio Dios dijo: «Sea la luz. Y hubo luz» (Génesis 1.3). Así de simple. Nuestro Dios es capaz de traer a la existencia cosas que antes no existían, únicamente por el poder de su Palabra.

El salmista dice en Salmos 33.6: «Por la palabra del Señor fueron hechos los cielos, y todo su ejército por el aliento de su boca». Y el autor de Hebreos nos dice en el capítulo 11 que «por la fe entendemos que el universo fue preparado por la palabra de Dios, de modo que lo que se ve no fue hecho de cosas visibles» (v. 3).

> Estamos tan acostumbrados a decir que la Biblia es la Palabra de Dios que fácilmente podemos perder de vista lo extraordinario de ese hecho.

Él habló, y una cantidad ilimitada de seres y elementos vinieron a la existencia, desde estrellas gigantescas hasta partículas minúsculas. La creación es una prueba contundente del inmenso poder que desata la Palabra de Dios cuando es pronunciada. Nuestro Dios aún gobierna en su providencia a través de esa misma Palabra. Él crea por su Palabra, gobierna el universo por su Palabra, trae juicio sobre el mundo por medio de su Palabra (Salmos 46.6), y por esa misma Palabra cambia el corazón de los perdidos, crea la iglesia, y nutre y edifica a los creyentes (Hechos 20.32).

Es tal la identificación de Dios con su Palabra, que la Biblia se presenta a sí misma como poseyendo los mismos atributos de Dios. La Palabra de Dios es justa (Salmos 119.7), es fiel (Salmos 119.140), es verdad (Salmos 119.142; Juan 17.17), es eterna (Salmos 119.89), es omnipotente (Isaías 55.11), es perfecta (Salmos 19.7), es santa (2 Timoteo 3.15).

3. *La Palabra es suficiente*

Pero hay una tercera razón por la que Timoteo, y todos los pastores de todas las épocas, deben mantenerse firmes en la Palabra. Ya que la Palabra de Dios es la Palabra de Dios, ella es suficiente para llevar a cabo el propósito para la cual Dios la inspiró: «Toda Escritura es inspirada por Dios y útil para enseñar, para reprender, para corregir, para instruir en justicia, a fin de que el hombre de Dios sea perfecto, equipado para toda buena obra» (2 Timoteo 3.16–17).

Todo lo que Timoteo necesitaba para seguir avanzando en su propia madurez, y para hacer la obra del ministerio, se encuentra allí: en la Palabra inspirada de Dios, infalible, inerrante y suficiente.

EL MANDATO URGENTE

A la luz de esta realidad, ¿qué debemos hacer con la Palabra?

El verbo «predica» comienza 2 Timoteo 4.2, el cual se encuentra en imperativo, lo que indica que no es una opción entre otras, ni una sugerencia.

Dios nos manda a proclamar como heraldos su Palabra. Esto es lo que significa la palabra «predicar» en el original. En los tiempos antiguos, los heraldos iban por las calles anunciando en alta voz la victoria de un rey, o las políticas de un nuevo gobierno, o la llegada del emperador. Y eso es precisamente lo que nosotros debemos hacer como predicadores cristianos: predicar fielmente la Palabra para dar a conocer la victoria de nuestro rey Jesús, las políticas de su gobierno, y la realidad de su próxima venida.

Puedo imaginarme a Pablo diciéndole a Timoteo: «Los tiempos son peligrosos, los creyentes son perseguidos por causa de su fe, y los engañadores irán de mal en peor. Pero tú, Timoteo, predica la Palabra, a tiempo y fuera de tiempo, es decir, cuando sea factible hacerlo y cuando sea peligroso. Aunque todo el mundo te diga que la predicación dejó de ser relevante en esta cultura dominada por la imagen, ¡predica la Palabra!».

«Redarguye, reprende, exhorta con mucha paciencia e instrucción» (2 Timoteo 4.2, LBLA). Al predicar la Palabra debemos tratar de alcanzar los mismos objetivos que Dios tenía en mente al inspirarla. Pero debemos hacerlo con paciencia, en primer lugar, porque los cambios no se producen de la noche a la mañana. Y en segundo lugar, porque no todo el mundo aprecia que se les predique fielmente la Palabra (2 Timoteo 4.3–4).

De ahí las directrices que siguen en el versículo 5, y que contrastan una vez más a Timoteo con los falsos maestros. «Pero tú»:

- «Sé sobrio en todas las cosas»: mantente en tu sano juicio; no te dejes arrastrar por el deseo de muchos que visitan las iglesias cada semana esperando ver y escuchar cosas sensacionales y extravagantes.
- «Sufre penalidades»: recuerda que todos los que quieran vivir piadosamente en Cristo Jesús padecerán persecución (2 Timoteo 3.12), y eso incluye a los que persisten en predicar la Palabra cuando muchos no querrán escucharla.
- «Haz el trabajo de un evangelista»: en la iglesia y fuera de ella, comparte el evangelio con los perdidos.
- «Cumple tu ministerio»: ¿Cómo? Entre otras cosas, procurando «con diligencia presentarte a Dios aprobado, como obrero que no tiene de qué avergonzarse, que maneja con precisión la palabra de verdad» (2 Timoteo 2.15).

¿CONFIAMOS VERDADERAMENTE EN LA BIBLIA?

Después de haber visto estos pasajes, y ya sea que tengas años en el ministerio o estés iniciando próximamente, todos debemos hacernos la pregunta: ¿cuánto confiamos realmente en la Biblia como para dedicar nuestras vidas a predicarla fielmente?

El evangelio de Cristo que se revela de tapa a tapa en las Escrituras no ha perdido ni una pizca de su poder para salvar y edificar. Podemos llenar las iglesias haciendo muchas cosas entretenidas, pero no fuimos llamados a entretener, sino a buscar a las ovejas del rebaño de Dios y alimentarlas con la Palabra para llevarlas a crecer en la gracia y el conocimiento de nuestro Señor Jesucristo (2 Pedro 3.18).

Pastor, ya sea que estés iniciando, tengas años exponiendo las Escrituras, o recién estés considerando tu llamado de parte de Dios, si quieres la bendición de Dios sobre tu ministerio, entonces predica la Palabra, a tiempo y fuera de tiempo. A final de cuentas, lo que el Señor evaluará de tu ministerio en aquel día no es el número de personas que venían a escucharte cada domingo, ni la cantidad de mensajes reproducidos en YouTube.

«¿Quién es, pues, el siervo fiel y prudente a quien su señor puso sobre los de su casa para que les diera la comida a su tiempo? Dichoso (Bienaventurado) aquel siervo a quien, cuando su señor venga, lo encuentre haciendo así» (Mateo 24.45–46).

Quiera el Señor levantar más predicadores en el mundo hispano que tengan esta convicción, de manera que la voz de Dios siga resonando en los púlpitos a través de expositores fieles a su Palabra, para ver su poder en acción salvando a pecadores y edificando a sus iglesias. Que seas tú uno de ellos que, a la hora de pararse detrás del púlpito, no comparta sus sueños u opiniones personales, sino que exponga la Palabra de Dios.

Capítulo 13.

Predica la Biblia: ¿cómo?

Por Andrés Birch

En el capítulo anterior, el pastor Sugel sentó las bases bíblicas y teológicas de por qué predicar la Palabra de Dios y no cualquier otra cosa. En este capítulo, yo quiero presentarte un modelo práctico de cómo hacer justamente eso. Habrá muchas formas de preparar una predicación, y cada predicador tendrá su forma en particular de hacerlo. Pero aquí van diez pasos que espero te sirvan de ayuda:

1. DECIDE SOBRE QUÉ TEXTO BÍBLICO VAS A HABLAR

La mejor manera de predicar la Biblia es de forma expositiva, y la predicación expositiva consiste, básicamente, en explicar y aplicar lo que las Escrituras dicen. Y ya que es la Biblia (y no ningún sermón de ningún predicador) la que es «inspirada por Dios» (2 Timoteo 3.16), infalible e inerrante (Juan 10.35b), y la que tiene la autoridad de Dios mismo (Hechos 17.11), lo que debería controlar el contenido de cualquier predicación es lo que dice la Biblia —o sea, el texto bíblico— y no lo que quiera decir el predicador. Ahora, ese texto bíblico puede ser una frase tan corta como «Jesús lloró» (Juan 11.35), o como «Pero Dios...» (Efesios 2.4), o puede ser una parte de la Biblia tan extensa como un libro entero (en una sola predicación).

También es muy recomendable hacer series de predicaciones; planificar y ejecutar series de predicaciones relacionadas entre sí, o bien basadas en algún libro de la Biblia o en parte de algún libro, o basadas en algún tema (la santidad de Dios, el discipulado cristiano, la familia, etc.). No obstante, aun en el caso de las series temáticas, las predicaciones deberían basarse en textos bíblicos concretos que enseñen sobre el tema que sea. A cualquier predicación que no se base en lo que dice la Biblia le falta autoridad y no es una predicación cristiana. Y aun las predicaciones sueltas —o sea, que no forman parte de ninguna serie— deben ser predicaciones textuales en el sentido de centrarse en uno o más textos bíblicos explicados en su contexto original y aplicados a los oyentes.

Si alguien te pregunta: «¿Sobre qué texto de la Biblia vas a hablar el domingo?», ¡más vale que tu respuesta no sea: «Sobre ninguno»!

2. LEE EL TEXTO DESPACIO, VARIAS VECES

Este segundo paso parece tan evidente que no debería ser necesario decirlo, pero es asombroso lo fácil que resulta saltárselo: por la presión del tiempo, o porque creemos que ya conocemos el texto bastante bien, o por la razón que sea. De hecho, realizar este paso requiere disciplina.

En el capítulo 23 de su libro *La lectura sobrenatural de la Biblia*, John Piper anima a los creyentes en general y a los predicadores en particular a mirar fijamente lo que dice la Biblia, hasta que vean las conexiones entre las palabras y entiendan su significado. Es un consejo muy básico pero muy necesario.[1]

3. RESUME EN POCAS PALABRAS EL TEMA PRINCIPAL DEL TEXTO

Los títulos que se encuentran en la mayoría de las Biblias son útiles aquí. Algunos ejemplos: Génesis 24: «Abraham busca esposa para Isaac»; Jueces 16.23–31: «Muerte de Sansón»; Lucas 10.25–37: «El buen samaritano»; y 1 Corintios 15: «La resurrección de los muertos».

No obstante, hazte preguntas como estas: *¿Qué es este texto? ¿Cuál es el tema principal de este pasaje? ¿Por qué y para qué decidió el autor incluir esto y hacerlo precisamente aquí?* (aparte de la inspiración del Espíritu Santo, claro) *¿Qué título le pondría yo a este pasaje?*, etc.

Si, como dice Mark Dever, el punto principal de la predicación debería ser el punto principal del texto,[2] es muy importante que identifiquemos el tema principal del pasaje en cuestión.

4. DIVIDE EL TEXTO EN SECCIONES NATURALES

Es importante que veamos cómo la historia o el argumento del autor se desarrolla. En muchas Biblias se usan números de versículos en negrita para señalar cambios de párrafo, etc. Volviendo al ejemplo de Génesis 24, los siguientes números de versículos están en negrita: 10, 15, 22, 29, 32 y 62, dividiendo la historia en siete secciones naturales (incluyendo la primera sección, del 1 al 9).

También ayuda ver el texto como una pequeña obra de teatro, dividida en escenas que marcan el desarrollo de la historia o el argumento. Intenta identificar las diferentes escenas: ¿cuál es la primera escena?, ¿y la segunda?, y así sucesivamente. Muchas veces son los personajes que intervienen los que marcan las transiciones entre las escenas.

5. RESUME EN POCAS PALABRAS EL MENSAJE PARA NOSOTROS

Es muy importante entender la diferencia entre el tema principal del texto o pasaje y el tema principal de la predicación; básicamente, se trata de la diferencia entre la explicación del texto y su aplicación a los oyentes. El predicador es mucho más que solo una especie de cuentacuentos; ¡es un mensajero de Dios!

Pensando en los ejemplos antes mencionados (punto 3), resumir Génesis 24, la muerte de Sansón, la parábola del buen samaritano o la enseñanza de Pablo sobre la resurrección de los muertos no agota el trabajo del predicador; solo lo inicia. La pregunta del millón es: ¿cuál es el mensaje del Señor para nosotros (o sea, para el predicador y sus oyentes) en Génesis 24 o en la muerte de Sansón, etc.?

No se puede subrayar demasiado el hecho de que en cualquier predicación la aplicación no es solo una cosa más que hay que hacer. ¡La aplicación es lo principal, la esencia y el objetivo de la predicación! La aplicación es el mensaje del Señor para ese día, para ese lugar y para esas personas. Y en un sentido, la explicación del texto no es más que el camino por el cual se va al destino.

Si no sabemos cuál es el mensaje que el Señor nos ha dado para nosotros mismos y para nuestros oyentes, más vale que no nos atrevamos a predicar.

6. APUNTA UNA LISTA DE POSIBLES APLICACIONES CONCRETAS

Aparte de los dos grandes males de: (1) una aplicación totalmente desconectada del texto bíblico; y (2) una aplicación reducida a un par de exhortaciones al final de la predicación («Por lo tanto, hermanos, a ver si somos capaces de hacerlo un poco mejor...»), la mayor parte de la aplicación que se oye en muchas iglesias es demasiado general y muy repetitiva.

Hay que concretar más. ¿Cómo? (1) Piensa en la gran variedad de personas que esperas ayudar con tu predicación; (2) no te quedes en lo general, dedica tiempo a pensar en aplicaciones concretas; y (3) resáltales (a los oyentes) lo que el texto dice que tenemos que hacer y muéstrales cómo la gracia de Dios nos capacita para hacerlo con obediencia y fe.

> Si no sabemos cuál es el mensaje que el Señor nos ha dado para nosotros mismos y para nuestros oyentes, más vale que no nos atrevamos a predicar.

7. PIENSA EN UNA BUENA ESTRUCTURA PARA EL MENSAJE

Cuando hablamos de la estructura de una predicación, nos referimos a la forma o la presentación del mensaje. No es lo fundamental, pero sí tiene su importancia, por cuanto una estructura clara facilita que los oyentes puedan saber en todo momento hacia dónde se dirigen, por dónde van y dónde están.

Los tres elementos básicos de una predicación son: (1) la introducción; (2) el cuerpo del mensaje; y (3) la conclusión. Y la forma más fácil de presentar el cuerpo de la predicación es a través de una serie de puntos principales. A continuación ofrezco algunas pautas que se deben tener en cuenta a la hora de trabajar la estructura de una predicación; iré de lo más importante a lo no tan importante:

A. Los puntos principales deberían reflejar el tema principal del texto:
Ejemplo: Juan 3.16
Tema principal: Lo grande que es el amor de Dios
Puntos principales:
- Se ve en SU OBJETO: el mundo
- Se ve en SU REGALO: el Hijo
- Se ve en SU PROPÓSITO: la salvación

B. Los puntos principales pueden reflejar la división natural del texto o pasaje:
Ejemplo: La parábola del sembrador

Puntos principales:

- La semilla que cayó junto al camino
- La semilla que cayó en pedregales
- La semilla que cayó entre espinos
- La semilla que cayó en buena tierra

C. Los puntos principales pueden ser las principales lecciones del texto:

Ejemplo: Esdras 7.10

Puntos principales:

- ¡Estudiemos la Palabra!
- ¡Vivamos la Palabra!
- ¡Comuniquemos la Palabra!

D. Los puntos principales pueden ser puntos de explicación o de aplicación.

E. Los puntos principales deberían ser lo más claros, concisos y memorables posible.

F. Los puntos principales deberían ser paralelos entre ellos en cuanto a su forma.

8. PIENSA EN ALGUNAS ILUSTRACIONES ÚTILES

Las ilustraciones que se emplean en las predicaciones son como ventanas que permiten que entre más luz. No son lo más importante y a veces se usan mal, pero pueden resultar muy útiles para facilitar que los oyentes entiendan lo que se está diciendo, sobre todo cuando se trate de un punto o concepto difícil o abstracto. La Biblia misma usa ilustraciones y el Maestro de ellas por excelencia fue el mismo Señor Jesucristo.

Hay bastantes fuentes de ilustraciones, entre ellas: (1) la Biblia misma; (2) la historia; (3) la actualidad; (4) la vida cotidiana; y (5) nuestra propia experiencia.

9. ESCRIBE LA CONCLUSIÓN DEL MENSAJE

La conclusión de una predicación debería ser breve, apasionada y cien por ciento aplicación a los oyentes. No se trata de repasar toda la predicación, y menos repetirla. Merece la pena escribir la conclusión de forma completa y luego aprenderla de memoria. No es aconsejable dejar algo tan importante a la improvisación.

Es bueno que el predicador tenga en cuenta estas tres preguntas: *(1) ¿Qué quieres que entiendan?; (2) ¿Qué quieres que sientan?; y (3) ¿Qué quieres que hagan?* Si los predicadores siempre se hicieran esas tres preguntas, el nivel de las predicaciones sería mucho mejor.

> ¿Qué quieres que entiendan?; ¿Qué quieres que sientan?; y ¿Qué quieres que hagan?

10. ESCRIBE LA INTRODUCCIÓN DEL MENSAJE

Aunque parezca antinatural, la introducción es lo último que se prepara. ¿Por qué? Pues, porque, por lógica, solo podemos saber dónde empezar cuando tenemos claro a dónde queremos ir. Y al igual que con la conclusión, es una buena idea escribir la introducción de forma detallada.

¿Cuál es el propósito de la introducción de una predicación? En pocas palabras, captar el interés de los oyentes. Hay que empezar anticipando la pregunta del oyente: «¿Por qué debería importarme lo que estás a punto de decir?». Aunque suene a herejía, no empieces con el texto bíblico; empieza con los oyentes, ¡y luego llévales de la mano al texto bíblico!

CONCLUSIÓN

Es imposible hacer justicia a un tema tan amplio y tan importante como este en un espacio tan corto. Y espero que tengas muy claro que, a pesar de los diez pasos aquí expuestos, no pretendo transmitir la idea de que preparar una buena predicación sea algo fácil. Que con solo seguir estos diez pasos, y como si fuera por arte de magia, te saldrá un buen sermón. No, no es así. Tras cuarenta años intentando predicar, mi conclusión es que predicar un buen sermón es una de las cosas más difíciles que hay en esta vida.

¡Por eso hay que orar! La oración del predicador no se puede reducir a otro paso más. Hay que orar antes de empezar a preparar el sermón, durante todo el proceso de preparación, después de terminar el proceso, a la hora de entregar el mensaje y también después. No hay nada como la oración sincera y ferviente para demostrar nuestra total dependencia del Señor, y si hay alguien que necesita orar más que nadie, es el que predica la Palabra de Dios.

Capítulo 14

El pastor y su equipo de trabajo

Por Miguel Núñez

Una de las tareas más difíciles en el ministerio es la formación de un equipo de trabajo que tenga un carácter piadoso, una formación bíblica sólida, que esté acompañado de un cuerpo de doctrinas y una filosofía ministerial que sean comunes a todo el equipo, y que además contribuya a la unidad de la iglesia. Sin embargo, como me comentaba en una ocasión el doctor Albert Mohler, hay una tarea aún más difícil que seleccionar a la persona correcta para una posición, y es suspender a un miembro del equipo por no ser la persona ideal para desempeñar su función.

La selección de miembros de un equipo de trabajo para el ministerio requiere de discernimiento para poder identificar quién pudiera estar siendo llamado por Dios a fin de formar parte del equipo; paciencia para poder formarlos, reconociendo que el carácter es más importante que el talento; y oración para buscar la voluntad y el tiempo de Dios. *No es una coincidencia que Jesús pasara toda la noche en oración antes de seleccionar a sus doce primeros hombres a la mañana siguiente.* No se nos dice qué cosas Jesús conversó con su Padre, pero no creo que esa larga oración estuviera divorciada de la selección de los hombres sobre quienes recaería la responsabilidad de la iglesia cuando Jesús partiera.

Frecuentemente se ha cometido el error de elegir a personas que no estaban listas para servir, y se ha hecho esto en base a la necesidad del momento. No podemos olvidar nunca que la necesidad no define el llamado o la voluntad de Dios. Jesús bajó al estanque de Betesda y allí había cientos de personas enfermas y en necesidad, pero terminó sanando solamente a uno de ellos en cumplimiento de la voluntad de su Padre (Juan 5.8–9).

> No es una coincidencia que Jesús pasara toda la noche en oración antes de seleccionar a sus doce primeros hombres a la mañana siguiente.

CRITERIOS DE SELECCIÓN

A la hora de seleccionar ancianos o pastores para una iglesia, el apóstol Pablo dio instrucciones a Timoteo: que considerara a personas que fueran irreprochables (1 Timoteo 3.2). Las demás calificaciones que siguen hablan de las áreas donde esta persona debiera ser irreprensible. Y de todas las características mencionadas, solamente una de ellas corresponde a la habilidad de la persona a ser reconocida como líder (pastor, anciano), y esa es su habilidad para enseñar. Por otro lado, el mismo Pablo instruye a Timoteo y le dice: «Y lo que has oído de mí en la presencia de muchos testigos, eso encarga a hombres fieles que sean idóneos para enseñar también a otros» (2 Timoteo 2.2).

La idoneidad de estos hombres debe preceder al servicio de los mismos. Una persona colocada en una posición de liderazgo sin estar preparada aún es un boleto al fracaso. Muchos son los que se han accidentado en el camino al abrazar una tarea para la cual no contaban con el carácter requerido, aunque la misma fuera noble. El tiempo requerido para poder usar a una persona está directamente relacionado con la tarea que va a realizar. Seleccionar a un pastor requerirá de más criterios y un estándar más alto que la selección de un personal secretarial. Sin embargo, nunca debemos cometer el error de seleccionar a una persona que sea conocida por ser reprochable para formar parte del equipo, aun si esta va a hacer un trabajo voluntario. De hecho, Pedro instruye a que nosotros los cristianos mantengamos «entre los gentiles una conducta irreprochable, a fin de que en aquello que os calumnian como malhechores, ellos, por razón de vuestras buenas obras, al considerarlas, glorifiquen a Dios en el día de la visitación» (1 Pedro 2.12, LBLA).

> Una persona colocada en una posición de liderazgo sin estar preparada aún es un boleto al fracaso.

EL MOMENTO DE CONTRATAR A UNA SEGUNDA PERSONA

Una pregunta importante: ¿cuándo se debe contratar a alguien adicionalmente al pastor plantador o líder? Antes de determinar el cuándo, debemos definir el quién. Esa segunda persona pudiera variar de un caso a otro, dependiendo de la necesidad de la iglesia en crecimiento. Es posible que, en algunos casos, la esposa del plantador tenga la capacidad para apoyar a su esposo en el desempeño de funciones secretariales, y que esto permita contratar a un personal distinto, como un líder de adoración. Por otro lado, es posible que una persona dentro del grupo sirva voluntariamente como líder de adoración, y que esto permita entonces la contratación de otro personal que sea también importante para el funcionamiento de la iglesia.

Independientemente de quién sea esa persona, el pastor plantador debe buscar que exista alguien muy tempranamente que pueda apoyar de manera significativa en la parte administrativa, porque tan pronto la iglesia comience a crecer, alguien tendrá que responder las llamadas, hacer citas, escribir cartas o documentos de otro tipo, ayudar en el seguimiento de la parte financiera de la iglesia, contribuir al seguimiento de la agenda del pastor plantador y su equipo, y realizar múltiples funciones similares.

Dicho todo esto, el plantador necesita apoyo temprano en las áreas de administración, en la enseñanza de la Palabra para cuando él falte, y en la dirección de la adoración. Este último no debe ser simplemente un buen músico, sino alguien con un corazón pastoral, incluso si no se desempeña como pastor todavía. Esta es una función vital para que la iglesia aprenda a adorar bíblicamente de forma que honre a Dios y ministre a su pueblo. La adoración es uno de los ministerios más descuidados, porque en muchos casos hemos confundido música con adoración. La adoración requiere de un alto concepto del Dios a quien vamos a honrar por todo lo que Él es y hace, en ese orden. Si Dios, hipotéticamente, dejara de actuar hoy, aun así merece ser honrado con todo lo que nosotros somos y tenemos.

LA NECESIDAD DE LA FORMACIÓN DEL EQUIPO MINISTERIAL

El simple hecho de reconocer que no tenemos todos los dones, ni todos los talentos, ni toda la sabiduría, es razón suficiente para comprender que necesitamos a otros hombres y mujeres que contribuyan a enriquecer los dones que Dios ha provisto para el desarrollo y fortalecimiento del cuerpo de Cristo. Cada persona tiene por lo menos un don, como nos confirma Pedro: «Según cada uno ha recibido un don *especial*, úselo sirviéndose los unos a los otros como buenos administradores de la multiforme gracia de Dios» (1 Pedro 4.10). La no existencia de un equipo de trabajo impide llevar a la práctica esta enseñanza, deshonrando el nombre de nuestro Dios. Uno de los énfasis de nuestro ministerio es la idea de que cada quien debe funcionar en las áreas donde mejor operarían sus dones y talentos. Cuando tú trabajas fuera de tu don, no estás trabajando en el lugar para el cual Dios te equipó, y los demás tampoco están recibiendo la mejor ministración. El lugar en que mejor funcionas es donde tu don, talento y llamado convergen.

Tempranamente vemos en el libro del Éxodo cómo el suegro de Moisés, Jetro, le recomendó designar setenta personas que pudieran ayudarle a resolver los casos más sencillos, y que Moisés pudiera dedicarse a ver los casos más complicados (Éxodo 18.13–27). Siempre me sorprende que Jetro no le recomendara a Moisés agregar tres o cuatro personas a su equipo de trabajo, sino setenta. Creo que esa es una clara evidencia de que Moisés estaba sobrecargado, y que probablemente no había desarrollado su capacidad de delegar, en lo cual con frecuencia tenemos dificultad.

Posteriormente vemos cómo el apóstol Pablo escribió a los corintios en el capítulo 12 de su primera carta. Les habla ampliamente de cómo cada miembro del cuerpo humano tiene su función específica (el ojo, el oído, el pie), y que de esa misma manera cada uno de los miembros del cuerpo de Cristo debe entender cuál es su función, para que la pueda llevar a cabo de la mejor forma posible y pueda funcionar en armonía con el resto de los miembros del equipo.

Muchas veces, cuando no hemos podido agrupar el equipo alrededor de nosotros, estamos trabajando en contra de los demás. Trabajar con otros es vital para cultivar amistad, confianza y lealtad, porque de lo contrario esa falta de unidad será percibida por el resto de la iglesia, y esta no podrá disfrutar de la unidad del Espíritu que se nos ha ordenado preservar (Efesios 4.3). Cuando la unidad falta en el equipo ministerial y en el cuerpo de Cristo, el ministerio del Espíritu no es honrado, y la iglesia carece de llenura. Trabajar sin el apoyo moral de tu equipo es una de las tareas más debilitantes en el ministerio. De hecho, trabajar sin el apoyo moral de un solo miembro del equipo es extremadamente desmotivador para el líder. Por eso algunos han dicho que necesitamos desarrollar una piel gruesa y un corazón grande para permanecer en el liderazgo.

Cada miembro del equipo de trabajo necesita tener claro que no estamos llevando a cabo la agenda del líder, y ni siquiera la agenda de todo el equipo, sino que estamos tratando de llevar a la práctica la agenda de Dios para nosotros. Por tanto, necesitamos alinearnos con los propósitos de Dios. Este es mi texto favorito para hablar de esta idea: «Porque somos hechura Suya, creados en Cristo Jesús para *hacer* buenas obras, las cuales Dios preparó de antemano para que anduviéramos en ellas» (Efesios 2.10). Dios va a traer gente que Él selecciona para realizar ese propósito. Entonces, como siervos de Dios que somos todos, cada cual necesita subordinar sus metas personales a los propósitos de Dios. Muchas veces el equipo que Dios trae a nuestro lado nos ayuda a descubrir la meta de Dios para nuestra iglesia por medio de la manera en que ellos contribuyen a enriquecer la visión.

OBSTÁCULOS PARA EL TRABAJO EN EQUIPO

El Señor Jesús nos dejó el mejor modelo de cómo debe hacerse el ministerio en cuanto al trabajo en equipo. Desde un inicio comenzó a formar a doce hombres, once de los cuales terminaron siendo los pilares de la iglesia. Cada uno de estos hombres tenía una personalidad diferente, fue equipado de manera multiforme, y fue llamado a funciones distintas; pero cada uno de ellos entendió la necesidad de permanecer unidos con un solo propósito. El mismo apóstol Pablo supo trabajar con Bernabé, Silas, Timoteo, Tito, Lucas, y aun con mujeres como Evodia y Síntique (Filipenses 4.2–3), por solo mencionar a algunos. Dios hizo un trabajo enorme en Pablo, y esto permitió que su corazón pastoral atrajera a muchos a trabajar a su lado. Sin embargo, muchos no han tenido la facilidad que este hombre tuvo para llevar a cabo la obra del ministerio, porque en

> Cada cual necesita subordinar sus metas personales a los propósitos de Dios.

sus vidas aún hay grandes piedras de tropiezo. A continuación, mencionamos algunas de estas:

1. *El ego*

El orgullo en nosotros es quizá el más grande obstáculo para trabajar en equipo. El orgullo demanda el reconocimiento, el aplauso de los demás, el ser el centro de atención, y no da espacio para que otros puedan usar sus dones. Necesitamos la humildad necesaria para admitir que no podemos hacer ciertas cosas. Hay tareas que yo no puedo hacer porque no he sido equipado para ellas. Hay cosas que otros hacen mejor que yo, y hay funciones que cuando otros las realizan, resultan mejor hechas. Pero el ego cree que puede hacerlo todo, que no necesita de ayuda, y no desea compartir el crédito con ningún otro.

El orgullo no valora los dones y talentos de los demás, pero tampoco los ve, porque está enfocado en sí mismo. El deseo de ser como Dios, en el caso de Lucifer y de Adán, terminó con la expulsión del primero del reino de los cielos, y del segundo del jardín del Edén. Dios se opone al orgulloso, pero le da gracia al humilde (Santiago 4.6). Recordémoslo.

2. *La inseguridad*

Nosotros tenemos inseguridades, y esa inseguridad se siente amenazada por la colaboración de otras personas. La inseguridad nos hace sentir desplazados, o nos hace sentir que otros están siendo aprobados por encima de nosotros. El Espíritu de Dios regala dones a cada uno de sus hijos, y el mismo Espíritu regala individuos a su iglesia para su fortalecimiento. La inseguridad en el ser humano es el origen de sus temores, de su orgullo, de las formas impositivas de trabajo, de la falta de confianza en otros, y de la falta de motivación para trabajar en equipo.

Los líderes que forman parte de un equipo necesitan ser personas sanadas por Cristo para sentirse seguras en Él. Adán y Eva experimentaron inseguridad tan pronto se separaron de Dios, y de esa misma manera nosotros somos sanados de esa inseguridad por medio de nuestro acercamiento a Cristo. Por eso dice la Palabra que el perfecto amor echa fuera todo temor (1 Juan 4.18). Necesitamos experimentar de manera cercana ese amor divino que nos convence de que Dios está por nosotros y con nosotros, independientemente de las circunstancias. Allí encontramos nuestra seguridad.

3. El temperamento rígido e inflexible

Usualmente este temperamento lleva a la formación de un perfeccionismo que ahoga el gozo de la persona que padece de esta debilidad, y lo mismo hace en los demás. Para el perfeccionista hay una sola forma de hacer ministerio y vivir la vida. El perfeccionismo destruye la creatividad en el equipo de trabajo y suprime la expresión de los dones dados por Dios al equipo. El temperamento rígido no permite mucha colaboración de otros.

El perfeccionismo bloquea la visión de forma tal que la persona perfeccionista tiene una sola manera de ver la vida, y esa vida y ministerio tienen solamente dos colores: blanco y negro. Se hace muy difícil trabajar con personas rígidas, porque esa rigidez no sabe cómo crear espacio para formas alternativas de pensamiento, de hacer ministerio, y aun de vivir la vida en general.

4. *Una mala actitud*

El apóstol Pablo escribió a los Filipenses y les animó así: «Haya, pues, en vosotros esta actitud que hubo también en Cristo Jesús, el cual, aunque existía en forma de Dios, no consideró el ser igual a Dios como algo a qué aferrarse, sino que se despojó a sí mismo tomando forma de siervo, haciéndose semejante a los hombres. Y hallándose en forma de hombre, se humilló a sí mismo, haciéndose obediente hasta la muerte, y muerte de cruz» (Filipenses 2.5–8, LBLA).

Es obvio que Cristo, en su calidad de Dios, gozaba de todos los derechos y privilegios de serlo, y aun así subordinó todo eso a la voluntad de su Padre para encarnarse y llevar a cabo sus propósitos. El Señor Jesús no se aferró a lo que verdaderamente le pertenecía, sino que lo entregó como ofrenda porque entendió que había un propósito más importante que su interés particular, y era la redención de una humanidad que la Trinidad completa se había propuesto llevar a cabo.

Menciono esto porque una mala disposición nunca será honrada por Dios, y por lo tanto, esa mala actitud tiene el potencial de derribar a un equipo. Las malas actitudes tienen como base las piedras de tropiezo mencionadas antes y algunas otras: orgullo, inseguridad, perfeccionismo, sentido de superioridad, celos, envidias, legalismo... Como se ha dicho: «Una buena actitud no garantiza el triunfo, pero una mala actitud garantiza el fracaso».[1] Las actitudes son contagiosas, las buenas y las malas, pero las malas son mucho más fáciles de copiar.

LOS PROBLEMAS VENDRÁN

Tenemos que reconocer que vivimos en un mundo caído, y por lo tanto nunca encontraremos las condiciones ideales para llevar a cabo una tarea. Reconozcamos desde el inicio que los problemas vendrán, los desacuerdos surgirán, y lamentablemente muchas veces aun las divisiones se asomarán, y en su peor caso, terminarán separándonos. La pregunta que todos necesitamos hacernos es: cuando estas cosas surjan (no si surgen), ¿cómo actuaremos?

Quisiera dejar algunos consejos que ayudarán a solucionar problemas, porque primeramente procuran glorificar a nuestro Dios por encima de todas las cosas:

- Sé manso y humilde (Mateo 11.29).
- Pastorea el alma del otro (Juan 21.15–17).
- Procura entender al otro antes que defender tu punto (Filipenses 2.1–4).
- Recuerda que la meta no es ganar (Cristo «perdió» en la cruz).
- Procura al máximo la reconciliación (Romanos 12.18).
- Dios y tu testimonio son tus mejores defensores, y no tus palabras (Salmos 18.1–6).
- No olvides que estamos en un peregrinar, y por tanto todos estamos creciendo; tú y tu hermano por igual (Filipenses 3.12–14).

Recuerda que el equipo se forma y se sostiene por el poder del Espíritu. Su rol fue vital en la vida de Cristo, y lo es para cada uno de nosotros.

Capítulo 15

Cómo aconsejar a las ovejas

Por Luis E. Méndez

Cuando hablamos de aconsejar nos referimos al proceso por el cual buscamos la ayuda y la dirección de Dios en una circunstancia particular. Más específicamente, la consejería bíblica provee esa ayuda mediante el uso y la aplicación de las Escrituras. Mientras todo creyente es parte de un proceso de discipulado, donde se experimenta un crecimiento y una santificación progresiva, la consejería es un proceso enfocado en tratar una necesidad particular. Algunos lo llaman un proceso de discipulado intensivo.

El apóstol Pablo en Romanos 15 nos explica dos elementos clave del proceso de consejería que estamos considerando. En el versículo 4, el apóstol inspirado describe el primer elemento del proceso: la fuente. Él dice: «Porque las cosas que se escribieron antes, para nuestra enseñanza se escribieron, a fin de que, por la paciencia y la consolación de las Escrituras, tengamos esperanza» (RVR1960). En otras palabras, el proceso de llevar esperanza a un alma necesitada dependerá esencialmente de ministrar las Escrituras. Esa es la fuente por la cual Dios da gozo, consuelo, fortaleza, guía, etc.

¡Esa distinción es importante! Mientras nuestras palabras, como seres humanos, pueden mostrar afectos y atención, la realidad es que el alma solamente podrá ser sanada y fortalecida si es expuesta a la Palabra de Dios.

En adición a la fuente, el apóstol también describe el segundo gran elemento del proceso, el agente de la consejería: el Espíritu Santo. En el versículo 15, el apóstol declara: «Y el Dios de la esperanza os llene de todo gozo y paz en el creer, para que abundéis en esperanza por el poder del Espíritu Santo» (LBLA).

En otras palabras, el proceso de llevar esperanza a un alma necesitada dependerá de la intervención particular del poder del Espíritu Santo. Ese es el agente por el cual Dios aplica la Palabra al corazón necesitado.

Entonces ahí está la combinación. Por un lado tenemos la Palabra inspirada y por el otro lado tenemos el Espíritu Santo. A manera de resumen, en términos prácticos, la consejería bíblica es el proceso mediante el cual un creyente (consejero) toma la Palabra de Dios y la ministra de manera sistemática a otra persona en necesidad (aconsejado), y luego mediante oración se encomiendan a la obra del Espíritu Santo para encontrar la necesaria ayuda del alma. ¡Hablamos entonces de teología aplicada!

Es evidente que el proceso comienza en Dios y termina en Dios. Nosotros somos instrumentos en las manos de un Dios redentor. Él es quien sana. Nuestra labor como consejeros es acercar a los necesitados a Jesús para que Él pueda sanarlos. Necesitamos humildad y fe para confiar en el poder de Dios, y necesitamos gracia para amar a las almas necesitadas.

> Nuestra labor como consejeros es acercar a los necesitados a Jesús para que Él pueda sanarlos.

¿CÓMO PODEMOS SER MÁS EFECTIVOS A LA HORA DE ACONSEJAR BÍBLICAMENTE?

Lo que me propongo a continuación es brindar algunas sugerencias prácticas que nos ayuden a realizar la consejería bíblica de una manera más ordenada:

1. *Debemos comenzar con nosotros mismos*

    Necesitamos ser gente que practica la piedad (1 Timoteo 4.8). Si queremos ser usados por Dios, debemos cultivar el gozo de su presencia. Es un llamado que demanda una vida de santidad. Debemos ser gente sensible a la voz del Espíritu para apartarnos del pecado, y debemos ser gente llena de la Palabra para cultivar la fe en sus promesas. No estamos hablando de perfección, sino de vivir bajo la aspiración de una limpia conciencia delante de Dios y delante de los hombres (1 Pedro 3.21). Necesitamos la gracia de Dios que nos mantenga cerca de Él.

    Esa santa dependencia de Dios nos hará hombres y mujeres más sensibles a la hora de recibir de Dios y luego transferir de eso que recibimos a otros.

2. *Debemos buscar la ayuda de Dios en oración*

    Entre otras cosas, eso incluye un tiempo de oración individual y también junto con el aconsejado. La oración nos hace conscientes de nuestra necesidad y al mismo tiempo nos hace conscientes del poder de Dios. Es un simple reconocimiento de nuestra absoluta dependencia de Él.

Entendiendo también que muchas de las dificultades que enfrentamos en este mundo son parte de la lucha espiritual, la oración se incluye en la armadura que Dios ha provisto para combatir adecuadamente. Cuando el apóstol Pablo quiso ilustrar la necesidad de ser protegidos por el poder de Dios en medio de nuestras luchas, él expresó: «Con toda oración y súplica orad en todo tiempo en el Espíritu, y así, velad con toda perseverancia y súplica por todos los santos» (Efesios 6.19, LBLA).

3. *Debemos prepararnos correctamente*

Si la consejería se realiza de manera formal, como parte del ministerio de la iglesia, será muy útil tener formularios de información que puedan ayudarnos a entender previamente la necesidad del aconsejado; así como también disponer de recursos de lectura que puedan ser asignados. Si la consejería se realiza de manera informal, será recomendable disponer de un lugar apropiado que permita la suficiente privacidad. La idea es que, independientemente del contexto donde la consejería se lleve a cabo, podamos evidenciar que se le ha dado la debida importancia a la necesidad del aconsejado.

4. *Debemos esforzarnos por entender el problema*

Aprender a hacer buenas preguntas es una parte crucial del proceso. Debemos entender la historia del aconsejado y procesarla juntos. Usualmente las preguntas que requieren explicación extensa son las mejores:

- ¿Qué pasó?
- ¿Cuándo pasó?
- ¿Cómo pasó?
- ¿Por qué hiciste lo que hiciste?
- ¿Por qué piensas así?

Sin embargo, más allá del tecnicismo, es imprescindible orar por un sincero deseo de conocer y ayudar al aconsejado. Este es uno de los momentos en que podemos demostrar nuestro sincero interés hacia el aconsejado. Aprender a escuchar y leer el lenguaje no verbal, los gestos y las reacciones de la persona, nos ayudará enormemente a discernir la realidad del problema en cuestión. Usualmente, poder entender la problemática nos tomará tiempo, y muy probablemente eso conllevará varias sesiones de trabajo. Todo esto es simplemente para advertir que antes de intentar resolver un problema, debemos asegurarnos de que lo entendemos apropiadamente. De lo contrario corremos el riesgo de convertirnos en necios. Proverbios 18.13 nos advierte claramente: «El que responde antes de escuchar, cosecha necedad y vergüenza».

> Aprender a escuchar y leer el lenguaje no verbal, los gestos y las reacciones de la persona, nos ayudará enormemente a discernir la realidad del problema en cuestión.

5. *Debemos estar equipados en la Palabra*

Aunque la consejería no es nada mecánico, me ha resultado muy útil disponer de pasajes bíblicos específicos estudiados previamente. Sobre todo para una primera sesión cuando usualmente el aconsejado viene más desanimado y necesitado.

Yo uso ese material como una especie de devocional para llevar las almas necesitadas a Dios. A fin de cuentas, lo que sana es la Palabra. Así que independientemente de cómo progrese la conversación con el aconsejado, siempre debe haber un momento para ministrar la Palabra. Tiene que haber un momento cuando nosotros callamos y damos paso a que Dios hable.

> Tiene que haber un momento cuando nosotros callamos y damos paso a que Dios hable.

Como consejeros, debemos dedicarnos de manera más intencional a conocer lo mejor que podamos nuestra Biblia. Siendo esta la principal herramienta del proceso, debemos ser gente que conoce, estudia, entiende y aplica esa Palabra (Juan 5.39; 10.17; 2 Timoteo 3.16). No olvidemos que la Palabra es la espada del Espíritu, es decir la principal arma ofensiva en nuestra lucha espiritual (Efesios 6.17).

6. *Debemos proveer esperanza*

Al final del día, en medio de una dificultad, lo que nos sostendrá es la posibilidad de ver a Dios. Un escenario, sin importar la condición, no estará completo si no somos capaces de ver a Dios en él. Un proceso de consejería, entonces, tiene como propósito principal llevarnos a Dios, sea para confiar en Él en momentos de aflicción, o sea para temerle en momentos de desobediencia. Dios es nuestra porción y nuestra alma no será sanada hasta que estemos cerca de Él. En los casos de aflicción, el consuelo no vendrá porque el problema en cuestión esté resuelto, sino cuando seamos capaces de ver a Dios en medio del problema.

Esto se puede observar de manera especial en Lamentaciones 3. Allí encontramos esa preciosa transición donde el alma es llevada del desconsuelo a una esperanza viva. Luego de narrar, desde el versículo 1 hasta el 20, uno de los cuadros más desconsoladores en la Biblia, encontramos esta declaración:

> Esto traigo a mi corazón, por esto tengo esperanza: Que las misericordias del Señor jamás terminan, pues nunca fallan sus bondades; son nuevas cada mañana; ¡grande es tu fidelidad! «El Señor es mi porción», dice mi alma, «por tanto en Él espero». Bueno es el Señor para los que en Él esperan, para el alma que Lo busca. Bueno es esperar en silencio la salvación del Señor. (Lamentaciones 3.21–26)

En medio de nuestras angustias, lo que necesitamos es ser acercados a Dios para alcanzar esa esperanza que nos fortalezca para seguir esperando en Él.

7. *Debemos dar seguimiento*

Escasamente un problema va a requerir de una sola sesión. Por tanto, debemos aprender a elaborar una agenda de trabajo de acuerdo a los problemas que son identificados. A fin de cuentas, las dificultades que confrontamos en la vida están intrínsecamente relacionadas con nuestro corazón. Lo que vemos usualmente son los efectos, pero la causa siempre es más profunda, está ligada a lo que amamos en el corazón. Nuestro Señor

Jesucristo lo ilustró de esta manera: «Porque de adentro, del corazón de los hombres, salen los malos pensamientos, fornicaciones, homicidios, adulterios, avaricias, maldades, engaño, sensualidad, envidia, calumnia, orgullo e insensatez. Todas estas maldades de adentro salen, y contaminan al hombre» (Marcos 7.21–23).

Entonces nuestro enfoque al aconsejar no son los efectos, sino las causas. Por ejemplo, el punto de atención no debe ser la ira, sino por qué te aíras; por qué esto que sucedió te lleva a estar tan triste que pierdes tu esperanza en Dios; por qué estás tan apasionado por algo, que estás dispuesto a pecar para conseguirlo. ¿Qué es eso que amamos tanto que nos controla? Todo puede ser definido en términos de idolatría.

> Lo que vemos usualmente son los efectos, pero la causa siempre es más profunda.

En términos bíblicos, la realidad es que pensamos lo que pensamos, hablamos lo que hablamos y hacemos lo que hacemos por una razón. Nuestra meta en consejería es identificar las causas, no las acciones. Un debido tratamiento de esto requerirá más que una reunión, si no un proceso, y eso conllevará, dependiendo de los casos, varias sesiones de trabajo. Necesitamos entender que son situaciones que demandan seguimiento.

Una de las maneras en que esto se facilita es mediante la asignación de tareas para el hogar. Además de ahorrar un tiempo significativo cuando estamos juntos personalmente, las tareas proveen un mecanismo extraordinario para que el aconsejado pueda profundizar en las verdades consideradas y, al mismo tiempo, facilitan un mecanismo de seguimiento durante el proceso.

Las asignaciones deben ser lo más especificas posible. Por ejemplo:

- Escribe diez cosas que aprendiste del devocional que hicimos hoy.
- Dame cinco sugerencias prácticas de cómo piensas mostrar tu amor a tu cónyuge esta semana.
- Lee tres veces un pasaje asignado durante la semana y trae dos observaciones sobre eso.

Para una pareja con problemas en la relación, quizás pueda ser útil guardar un diario de conflictos durante la semana que incluya: cuándo sucedió el problema, qué exactamente pasó, dónde pasó, cómo lo resolvieron, etc.

ALGUNAS PRECAUCIONES NECESARIAS

Como con todas las cosas que pertenecen a la vida espiritual, siempre es necesario tomar algunas medidas de precaución. Una de ellas es cuidarnos al desarrollar consejería con una persona del sexo opuesto. En el caso de un pastor, lo ideal sería que seamos capaces de equipar a nuestras hermanas más maduras en la fe para que puedan ejercer este rol con las demás mujeres. Cuando sea inevitable aconsejar a una mujer, lo más sabio es incluir a tu esposa o a cualquier otra hermana madura para cuidarnos de una conexión emocional innecesaria y no sabia.

Por otro lado, debemos tener cuidado de no cultivar en nuestros aconsejados un sentido de dependencia que obstaculice el crecimiento natural de esa oveja con Cristo. Nuestro principal rol es ayudarles a crecer, no establecer un control desmedido sobre ellos. Llevamos al aconsejado a Cristo, el Pastor verdadero.

Finalmente, aunque el campo de la consejería bíblica demanda cada vez mayor entrenamiento y preparación, debemos entender que aconsejar es un deber que todo verdadero creyente debe ser capaz de ejercer. Todo discípulo de Cristo debe ser un discipulador, porque tiene la Palabra inspirada y también tiene el Espíritu.

En ese sentido, los líderes de las iglesias debemos ser más intencionales, no solo en prepararnos nosotros mismos mejor, sino también en equipar a otros en nuestras iglesias de tal manera que puedan cumplir la obra del ministerio (Efesios 4.12).

Es mi oración que el Dios de toda gracia nos conceda ser una generación en la cual, como parte del crecimiento natural que experimentamos como creyentes, su Palabra es aplicada, su cruz exaltada y su nombre glorificado.

Capítulo 16

El arte pastoral de escuchar

Por José Mendoza

A los pastores nos gusta hablar. Expresarnos con palabras es parte esencial de nuestro llamado ministerial y de las actividades que ocupan la mayor parte de nuestro tiempo. Si hay algo que caracteriza a nuestra agenda pastoral son los compromisos en donde tenemos que hablar: devocionales, clases, prédicas en diferentes lugares y bajo diferentes formatos y auditorios, pero siempre hablando.

No podemos negar que también a nuestros miembros les encanta escucharnos. Un buen «¡amén!» de la congregación durante nuestras prédicas nos emociona y nos hace sentir que vamos por buen camino en la exposición de la Palabra. Durante mis años de ministerio, muchas veces he sido invitado a las casas de los miembros de la iglesia para una cena que era en realidad una ocasión para que le «hablara» a parientes y amigos que necesitaban escuchar el evangelio. Tengo innumerables recuerdos de comidas enfriándose mientras respondía a la petición del invitador a que repitiera «esa» prédica o clase en donde hablé de ese « tema» tan importante que «todos» deberían oír.

ESCUCHAR ANTES DE HABLAR

A los pastores nos encanta hablar y es importante lo que decimos, pero no debemos olvidar que una de nuestras tareas fundamentales es también escuchar. Cuando era jovencito escuché una frase dura que me marcó para siempre: «Los evangélicos creen saber todas las respuestas sin haber escuchado nunca las preguntas». Es triste reconocer que esa frase tiene mucho de cierto entre mis colegas, y yo he caído en esa trampa muchas veces. Escuchar poco y decir mucho suele ser la norma. Pero los pastores debemos reconocer la advertencia del proverbista: «En las muchas palabras, la transgresión es inevitable, mas el que refrena sus labios es prudente» (Proverbios 10.19). Hablar demasiado nunca ha sido considerado como una virtud bíblica. Por el contrario: «El hombre prudente oculta su conocimiento, pero el corazón de los necios proclama su necedad» (Proverbios 12.23).

«Ocultar el conocimiento» podría sonarnos a abandonar nuestra responsabilidad de proclamar la verdad. Sin embargo, el proverbio lo marca como una virtud sabia, porque el saber debe ir acompañado de la búsqueda de la oportunidad y el momento oportuno para divulgarlo. De allí que no se trata de «derramar sabiduría», por decirlo de alguna manera, sino de encaminarla por el sendero y la medida correcta para que sea de bendición y utilidad. Por eso el consejo de Santiago nos incluye también a nosotros los pastores: «Pero que cada uno sea pronto para oír, tardo para hablar, tardo para la ira» (Santiago 1.19b). La palabra original que se traduce como «pronto» resalta la idea de hacerlo con prontitud, sin demora y sin excusas, mientras que la palabra que se traduce como «tardo» destaca la idea de hacerlo despacio, tomándonos el tiempo de manera deliberada.

POR QUÉ ESCUCHAR

¿Por qué debemos aprender a desarrollar el arte de «escuchar»?

En primer lugar, porque somos humanos, y solo escuchando podremos conocer realmente la realidad y las necesidades de las personas. Nosotros no somos omniscientes como lo es nuestro Señor Jesucristo, quien conoce completamente la realidad de todos los seres humanos (Juan 2.24–25). Pero aun Jesús mismo se deleitaba escuchando con atención a la mujer samaritana o haciendo preguntas que le permitían escuchar lo que Bartimeo o el paralítico de Betesda deseaban en lo profundo de sus corazones. No solamente eso, sino que aun el Señor se deleita en escucharnos en oración, aunque Él sabe de antemano todo lo que deseamos o necesitamos.

Es posible que los años de experiencia en el ministerio nos permitan conocer un poco mejor la naturaleza humana, hasta el punto de que necesitemos escuchar poco para conocer mucho de las necesidades de nuestros discípulos. Pero por el mandato de la Escritura, y por el ejemplo de mi Señor, yo entiendo que debo aprender a escuchar mucho sin excusas y con prontitud, y ser intencional en hablar menos y escuchar más. No es pragmatismo o eficiencia, es modelar el carácter de Cristo en nosotros.

En segundo lugar, debemos aprender a escuchar bien y mucho porque sabemos que los corazones de nuestras ovejas son tan engañosos como los nuestros. ¡Con qué rapidez solemos sacar conclusiones equivocadas que pueden producir comentarios y consejos equivocados y resultados dolorosos! Por eso es que debemos aprender a oír mucho y buscar que se nos presenten las circunstancias desde diferentes ángulos, situaciones y personas. Por ejemplo, una de las instrucciones básicas para la consejería matrimonial es nunca sacar conclusiones sin haber escuchado a ambas partes. Así también tenemos que aprender a escuchar en «estéreo», esto es buscar escuchar desde diferentes ambientes y circunstancias. Una cosa es escuchar a una persona en la sala de consejería, y otra es escucharla en su casa con su familia al lado, tomando un café o caminando por la calle. Los pastores debemos ser intencionales en escuchar invirtiendo tiempo en contexto, no solo por lo que nuestros oídos captan, sino también por lo que podemos ver y percibir mientras escuchamos a las personas en el ambiente en donde se desenvuelven.

¿Qué quiero decir con el punto anterior? Pastores, necesitamos pasar tiempo con las ovejas. No basta con verlas de lejos en las actividades de la iglesia, donde mayormente vienen a escucharnos. No basta con tenerlas media hora en la sala de consejería cuando ya las cosas están «color de hormiga». Tenemos que pasar tiempo escuchándolas y observándolas, familiarizándonos con los ambientes y circunstancias que a ellas les son familiares.

En tercer lugar, debemos aprender a desarrollar el «arte de escuchar» porque es una manera de demostrar verdadero amor y respeto a nuestros discípulos. Todos los seres humanos tienen la necesidad intrínseca de darse a conocer, sentir que son escuchados y estimados en sus pensamientos e ideas, en sus sueños, alegrías y tristezas. Hoy existe un gran vacío de comunicación a pesar de todas las redes sociales. Compartimos información, hacemos publicidad de nuestras vidas, pero es poco lo que realmente escuchamos unos de otros. El «like» se ha convertido en nuestro mayor acto de compromiso ante la alegría o la tristeza de un conocido, y una frase corta cliché nos deja tranquilos en nuestra conciencia pensando que ya cumplimos con los demás.

Sin embargo, el escuchar bíblico involucra ponernos a disposición del otro, dándole a entender que es importante y que cuenta con nosotros sin limitar el tiempo o el espacio. ¿No es esto parte de nuestro compromiso como siervos del Señor y su iglesia? Pastores, los miembros de nuestra iglesia necesitan ser escuchados con atención, como lo demanda la Palabra, y como nos lo enseñó con su ejemplo nuestro Señor Jesucristo. Nuestro Dios es un Dios que escucha atentamente, como escuchó el clamor de Israel en Egipto, y escucha nuestros suspiros y conoce nuestros pensamientos aun antes de que nosotros mismos los conozcamos (Éxodo 4.7; Salmos 38.9; 139.4).

Sigamos hablando del Señor, predicando y enseñando con pasión a tiempo y fuera de tiempo, pero no olvidemos que para poder presentar buenas respuestas, primero debemos escuchar con atención las preguntas.

Capítulo 17

Las llamadas de emergencia

Por Otto Sánchez

Amo los domingos porque es el día del Señor. Es el día en que mi familia y yo adoramos al Señor y nos encontramos con los hermanos de la iglesia que están haciendo lo mismo que nosotros. Es un tiempo hermoso que nos lleva a alabar a Dios, a recibir su Palabra, y a tener comunión con la familia de la fe.

Amo el domingo por el descanso que le doy al cuerpo al terminar una jornada que comienza desde temprano en la mañana y termina por la tarde. Me encanta comer con mi familia y mis hermanos, y compartir juntos como pueblo de Dios. Todo pastor, familia pastoral o líder entiende perfectamente lo que digo.

Sin embargo, el descanso no siempre se da como uno quiere. En ocasiones es interrumpido (a veces más, a veces menos) por situaciones de emergencia que requieren asistencia pastoral. Todo el que lleva tiempo en el ministerio sabe que estas emergencias no solo llegan inesperadamente, sino, desde mi óptica, inoportunamente. En más de veintisiete años de ministerio, son incontables las ocasiones en que he tenido que dejar una reunión o descanso para atender una emergencia. Mi presencia es necesaria porque soy el pastor. Las situaciones son diversas:

desde accidentes y violencia doméstica, hasta casos que llegan a los tribunales.

Aparte de estas situaciones de emergencia, también están los sucesos cotidianos que el pastor maneja sin importar el tamaño de la iglesia. Siempre habrá personas que necesitarán de nosotros y requerirán que vayamos al hospital, la cárcel o la casa funeraria.

Todo pastor sabe que estas dinámicas son parte del ministerio pastoral, y aunque las visitas no son nuestro llamado principal, debemos hacerlas ya sea de manera improvisada o planificada. Por eso, quisiera compartir algunos elementos que debemos tomar en cuenta para mantener un balance entre las prioridades del pastor y las necesidades de las personas.

UN HOMBRE DE DIOS

El llamado del pastor es primordialmente a ser un hombre de Dios. Parece redundante y elemental, pero no lo es. El pastor es llamado no solamente al servicio, sino a una vida de integridad: de intimidad con Dios.

No es un impostor. Como se ha dicho en este libro ya, el pastor es un siervo que cultiva la oración, el estudio de la Palabra y la lectura permanente de buenos libros. Las circunstancias de emergencia no deben llevarlo a descuidar su prioridad de alimentarse él mismo, sin dejar de alimentar el rebaño. En las Escrituras encontramos ejemplos de hombres de Dios que cultivaron esos hábitos de intimidad con Dios para edificar a los demás, como en Esdras 7.10. En el Nuevo Testamento, el Señor

Jesucristo le dice a Pedro que apaciente a sus ovejas (Juan 21.15, 17). En ese diálogo con Pedro, el Señor Jesús usa un término que se traduce como «apacentar», y significa literalmente alimentar. Este llamado del Señor a Pedro sirvió como una marca indeleble en su vida. Años después él mismo escribiría:

> Por tanto, a los ancianos entre ustedes, exhorto yo, anciano como ellos y testigo de los padecimientos de Cristo, y también participante de la gloria que ha de ser revelada: pastoreen el rebaño de Dios entre ustedes, velando por él, no por obligación, sino voluntariamente, como *quiere* Dios; no por la avaricia del dinero (no por ganancias deshonestas), sino con sincero deseo; tampoco como teniendo señorío sobre los que les han sido confiados, sino demostrando ser (convirtiéndose en) ejemplos del rebaño. Y cuando aparezca el Príncipe de los pastores (el Pastor Supremo), recibirán la corona inmarcesible (que jamás se marchitará) de gloria. (1 Pedro 5.1–4)

UN LÍDER EN LA FAMILIA

El pastor también es el líder espiritual de su familia. Su familia debe ver en él de manera real el carácter de Cristo, al ser el esposo y padre (si tiene hijos) que Dios quiere que sea, tal como lo vemos en Efesios 5.25–33; 4.6; Colosenses 3.19 y 1 Pedro 3.7.

He visto pastores admirados por muchas personas... excepto por su familia. He visto políticos y artistas admirados por sus seguidores, pero son pésimos esposos y padres. Con el pastor no funciona así. El púlpito no es una tribuna política. No es un escenario donde la vida privada no importa. ¡No! La vida privada sí importa, porque no podemos divorciar nuestras vidas del mensaje que predicamos. Nuestra vida es parte del mensaje.

UN SIERVO DE LA IGLESIA

Quiero señalar que todo pastor debe saber y recordar que por grande que sea su iglesia, él no es una celebridad que sube al púlpito desconectado de las necesidades de sus ovejas. Aunque la prioridad del pastor está en su relación personal con Dios, y luego su familia (en ese orden), la iglesia tiene múltiples necesidades en las que el pastor debe participar. Aunque no sea la tarea principal, es parte del llamado, y por consiguiente es también su oficio.

Pedro dice en el texto citado anteriormente que Cristo es el príncipe de los pastores (1 Pedro 5.4). La palabra «príncipe» significa principal. Es decir, Cristo es el pastor principal de todos los creyentes, incluyéndonos a los que somos pastores. Por lo tanto, todos nosotros que servimos en el ministerio debemos imitar a Cristo. El apóstol Pablo escribió a los corintios que lo imitaran, así como él imitaba a Cristo (1 Corintios 11.1). Cristo modela cómo debemos estar pendientes de las necesidades de nuestra gente. Los pastores tenemos la responsabilidad del púlpito para ministrar a nuestra gente, y la responsabilidad de acompañar físicamente a nuestra gente en oración, ya sea en momentos de celebración o en situaciones de crisis.

EL CRISTO DE LAS EMERGENCIAS

Un vistazo al ministerio de Cristo nos exhorta a ministrar a las necesidades integrales de las personas. Él no se quedó en la retórica. Sus hechos nos enseñan lo que es el amor y la búsqueda constante del bienestar de las ovejas. El pastor, sin perder nunca el orden de sus prioridades, debe estar enfocado en ser como Cristo. Nuestras prioridades deben tener un orden; la primera prioridad es la base para la segunda, y así sucesivamente. El Señor nos llama a una relación íntima con Él a través de la oración y la Palabra, y en base a eso debemos tener una relación con la familia, seguida de un amor por nuestras ovejas, alimentándolas y acompañándolas. El pastor debe saber que es imitador de Cristo, y por ende procura hacer lo que Cristo manda. Mateo es muy explícito:

> Porque tuve hambre, y ustedes Me dieron de comer; tuve sed, y Me dieron de beber; fui extranjero, y Me recibieron; estaba desnudo, y Me vistieron; enfermo, y Me visitaron; en la cárcel, y vinieron a Mí. Entonces los justos Le responderán, diciendo: Señor, ¿cuándo Te vimos hambriento y Te dimos de comer, o sediento y Te dimos de beber? ¿Y cuándo Te vimos como extranjero y Te recibimos, o desnudo y Te vestimos? ¿Cuándo Te vimos enfermo o en la cárcel y vinimos a Ti? El Rey les responderá: En verdad les digo que en cuanto lo hicieron a uno de estos hermanos Míos, *aun* a los más pequeños, a Mí lo hicieron. (Mateo 25.35–40)

Un acercamiento al pasaje nos confirma el fuerte acento escatológico, es decir, de los últimos tiempos, que tiene este sermón, el cual comienza en el capítulo 24 e incluye el capítulo 25 completo. Jesús, ya finalizando este mensaje, revela que así como su ministerio se caracterizó por enseñar y proclamar el evangelio (Mateo 5—7; 9.35; Marcos 1.38), también se caracterizó por las obras de misericordia demostradas al acercarse y acompañar a los que le necesitaban. Veamos algunos textos que nos muestran el ejemplo de Cristo:

- Alimentar a los hambrientos (Mateo 14.13–21; Lucas 9.10–17; Juan 6.1–14). Los cuatro evangelistas registran la multiplicación de los panes y los peces debido a la transcendencia de este milagro. Jesús tiene compasión por la multitud hambrienta, y el milagro que rehusó hacer cuando fue tentado (hacer aparecer pan para sí mismo, Mateo 4.3), ahora lo hace para dar de comer a miles.

- Sanar a los enfermos (Marcos 1.29–34; Lucas 5.12–16; Juan 5.1–9, entre otros). Jesús no solo dio de comer, sino también sanó a los enfermos. No los sanó a todos (Juan 5.1–9), pero sanó a los que quiso sanar, y por cierto fueron muchos (Mateo 4.23–25; Marcos 1.29–34). En aquel tiempo no había hospitales, y los enfermos o estaban en las casas, o eran indigentes andando por las calles y viviendo de la caridad pública. Jesús fue a donde ellos estaban.

- Visitar casas. Jesús se alegra en una boda en la ciudad de Caná de Galilea (Juan 2.1–12). Visita la casa de Simón, el fariseo, para confrontarlo (Lucas 7.36–46). Va a la casa de Jairo para resucitar a su hija (Lucas 8.41–56). Visita la casa de Marta y María con el propósito de descansar (Lucas 10.38–42), y la casa de Zaqueo para presentarle el evangelio y salvarlo (Lucas 19.1–10).

A Jesús se le presentaron situaciones inesperadas desde el punto de vista humano, como el caso de la mujer con el flujo de sangre. Ella se acercó a tocar su manto cuando Él iba de camino a la casa de Jairo (Lucas 8.43–48). En esa ocasión, Jesús modeló la manera de manejar una situación «inesperada». Él no fue insensible, sino que aunque aquella mujer no tenía una «cita», como ungido de Dios la atendió sin que esto significara sacrificar sus planes de llegar a la casa de Jairo.

DIEZ ASPECTOS PARA CONSIDERAR

¿Qué podemos concluir del modelo de nuestro Señor Jesucristo, y cómo aplicarlo al ministerio pastoral? Vivimos con constantes demandas: nuestras prioridades y las necesidades de las personas. Aquí dejo diez aspectos a considerar que espero sean útiles:

1. Sé consciente del orden de las prioridades del ministro: Dios, familia y ministerio. Dentro de lo que es el ministerio, nunca olvides que un pastor ha sido

llamado a la oración, la Palabra, y a entrenar a los santos (Efesios 4.11, 12).

2. Sé consciente de que el llamado del pastor implica un balance muy cauteloso. Debes servir al pueblo de Dios desde el púlpito y también fuera de él.

3. Para los pastores que predican todos los domingos, les exhorto a comenzar a trabajar en el sermón desde temprano en la semana. Estoy de acuerdo con Bruce Mawhinney, quien escribió en *Predicando con frescura*[1] que el sermón se debe trabajar el martes, lo cual es mi práctica. Por algunas razones que desconozco, muchas emergencias se dan durante el fin de semana, y si tenemos el sermón ya listo, podremos cubrir estas emergencias sin afectar nuestra prioridad.

4. Haz un plan de visitas puntuales y estratégicas con propósitos específicos, tal y como lo hizo nuestro Señor. Visita para presentar el evangelio en una casa, visita hospitales y cárceles, o simplemente ve a una cena y comparte con tus ovejas. Sin embargo, debo añadir que en vista de que las prioridades del pastor son la oración, la Palabra y el discipulado, recomiendo que te concentres en las visitas más estratégicas o altamente prioritarias.

5. Permite que te visiten en tu casa (sin que esto indique que tu casa esté llena todo el tiempo). Evitemos dar la idea extrema de que nadie puede visitar al pastor, o que no quiere visitas en su casa. Deja que tus ovejas líderes y no líderes vean cómo vives. Eso es parte del

discipulado: modelar el carácter de Cristo en distintos ambientes y circunstancias.

6. Promueve a Cristo con tu vida y predica sobre la importancia de imitarlo. Instruye a los ancianos, diáconos y a la congregación en general a modelar el estilo de Jesús.

7. Los grupos pequeños ayudan enormemente a crear una cultura de visita en la iglesia local, mediante la comunión que se da entre ellos y la oportunidad de detectar una situación apremiante a tiempo.

8. Dale prioridad a tus líderes. Poner atención y estar con los líderes voluntarios o pagados nos ayuda a pastorear a los que nos ayudan con el liderazgo del pueblo. En otras palabras, los líderes son nuestros brazos extendidos que llegan hasta donde nosotros no llegamos. Ellos necesitan de su pastor para hacer su trabajo con motivación y supervisión.

9. Mantente en contacto con todas las personas que puedas, de acuerdo con las prioridades dichas antes. No vivimos en una torre de marfil, ajenos a las necesidades de la gente. Mantenerse cerca de las personas nos ayuda a combatir lo que algunos llaman el «distanciamiento del poder». Estamos tan envueltos en la posición, la dirección, planes, reuniones, viajes y proyecciones, que nos olvidamos del rostro humano que debe tener el ministerio.

10. Si has perdido o no tienes la práctica de visitar, es importante decir (y soy enfático): esa no es tu

prioridad, pero sí tu responsabilidad. Pídele a Dios que te ayude a hacer un plan, y busca ayuda para hacerlo bíblicamente a fin de que sea de bendición para tu vida, y para la vida de aquellos a quienes ministras.

Jesús es el príncipe de los pastores. Él es nuestro modelo a seguir. Nuestra meta es ser como Él. Debemos procurar que nuestros ministerios estén compuestos por pastores y líderes que apestan a ovejas, porque un pastor que no apesta a oveja no es pastor. Un teólogo medieval dijo: «La resurrección hace a Cristo muy peligroso, porque es posible que se me aparezca y yo no me dé cuenta».

«El Rey les responderá: En verdad les digo que en cuanto lo hicieron a uno de estos hermanos Míos, *aun* a los más pequeños, a Mí lo hicieron» (Mateo 25.40).

Capítulo 18.

Tu primera boda

Por Hanibal Rodríguez

Muchas de las cosas que se hacen en el ministerio son increíblemente gratificantes (énfasis en la palabra muchas). Sin embargo, una de las cosas que más disfruto como pastor son las bodas. Son especiales no solamente por el evento en sí, sino por lo que la boda es y lo que significa. El matrimonio es la unión emocional, física, y más que eso, es la unión espiritual (1 Corintios 6.16–17) de un hombre y una mujer que, por la providencia y la sabiduría de Dios, llegan al altar, teniendo a Dios y a su iglesia como testigos.

La boda es la unión entre una pareja que reconoce que el matrimonio no es invención humana, sino divina (Génesis 2.18–24; Efesios 5.21–33). Una unión que no debe tomarse a la ligera, que requiere entrega y sacrificio, y que, sobre todas las cosas, es una imagen de la relación que Dios tiene con su iglesia por medio de Cristo Jesús (Efesios 5.32).

Este mismo punto lo toca Dave Harvey en su libro *Cuando pecadores dicen «acepto»*,[1] citando a George Knight y su explicación sobre el matrimonio según la carta a los Efesios.

Él dice que el matrimonio fue diseñado por Dios desde el principio para formar una imagen o parábola de la relación entre

Cristo y la iglesia... Cuando Pablo tuvo que hablarles a los efesios acerca del matrimonio, no solo buscó por ahí alguna analogía útil, y de pronto se le ocurrió que «Cristo y la iglesia» pudiera ser una buena ilustración para su enseñanza. No, era mucho más que eso. Pablo entendió que cuando Dios diseñó el matrimonio original, ya tenía en mente a Cristo y a la iglesia. Este es uno de los grandes propósitos de Dios dentro del matrimonio: ¡representar la relación entre Cristo y su pueblo redimido para siempre!

Aquellos que desean el matrimonio deben saber bien esto, y aquellos a los que el Señor nos ha llamado a oficiar matrimonios también. Es más, me atrevo a decir que para aquellos de nosotros llamados al pastoreo es crucial entender realmente lo que el matrimonio es y lo que significa. ¿Por qué? Porque esto determinará la motivación por la que oficiamos una boda, y la manera en que lo haremos. Si la Escritura enseña el matrimonio, entonces nuestra responsabilidad como pastores es darle la importancia que merece, la actitud que requiere y la excelencia que demanda.

> Si la Escritura enseña el matrimonio, entonces nuestra responsabilidad como pastores es darle la importancia que merece.

ELEMENTOS INDISPENSABLES

1. *Consejería prematrimonial*

Primero, ninguna boda se debe llevar a cabo sin antes haber provisto alguna clase de consejería prematrimonial. Ningún pastor debe asumir que las personas interesadas en el matrimonio tienen el entendimiento correcto (la teología correcta) de por qué se quieren casar, y qué deben *esperar*. Al noventa por ciento de las personas que he tenido la bendición y el privilegio de casar, cuando les he preguntado por qué quieren hacerlo, la respuesta siempre es algo así: «Porque él (o ella) me hace feliz»; «porque sentimos que es tiempo de casarnos»; «porque nos conocemos y ya estamos listos».

¿Puedes ver cuál es el problema? La gran mayoría de la gente, y las parejas jóvenes en especial, no piensan en el matrimonio en términos de la gloria de Dios, o en complementarse el uno al otro para cumplir los propósitos del Señor en esta creación (Génesis 2). Muchos entran al matrimonio buscando satisfacer sus necesidades, cumplir sus sueños, o simplemente tener compañía en la vida. En mi opinión, es una visión muy pobre y limitada del matrimonio.

Además de esto, la gran mayoría de la gente que entra al matrimonio tiene expectativas irreales. No saben cómo lidiar con conflictos, no han pensado en cómo tratar con las familias, no toman en cuenta la diferencia de roles, no piensan en la importancia de ser sabios mayordomos con sus finanzas, y tienen un entendimiento escaso de la misión de Dios para ellos. Mi práctica ya por varios años es proveer un curso intensivo por ocho semanas que cubre diferentes temas, y los obliga a pensar y cuestionar sus propias ideas y convicciones.

2. *Planeación e intencionalidad*

Segundo, toda boda requiere planeación e intencionalidad. Para empezar, es importante reconocer que la boda requiere un documento legal que respalde la ceremonia. En mi contexto se requiere que la pareja se registre con el estado y se les dé un permiso para casarse que dura dos meses. Con este documento la boda es válida religiosamente, pero no legalmente. En otros contextos se separa el matrimonio religioso del legal. Es importante estar seguro de cuáles son los requisitos en tu contexto.

Un área más en la que podemos colaborar es a través de la ayuda a los novios para preparar un presupuesto. Ciertamente no es algo que la Palabra nos mande a hacer, pero es una muestra de amor hacia aquellos que inician sus vidas juntos (particularmente si es una pareja más joven). De hecho, sintiendo el pulso de cada pareja, y dependiendo de nuestra propia experiencia, podría ser beneficioso aun ayudarles con ciertas preguntas acerca de la organización de la boda, ya que es un momento de mucha ansiedad para muchas ovejas.

También en este sentido, un pastor hace bien en conocer las leyes de su país y los detalles de los matrimonios en su ciudad. De esa manera, puede ayudar a los futuros esposos a planificar y organizar los detalles requeridos por su gobierno, y minimizar posibles sorpresas desagradables para un tiempo tan hermoso y estresante como una ceremonia matrimonial.

Cuando llega la boda

Entonces viene el tiempo de la boda en sí. Si es posible tener a una persona que coordine, es mucho mejor. La gran mayoría de las bodas tienen un formato similar. Mi intención es proveer un formato sugerido y una corta explicación del cómo y el porqué de cada sección. Por supuesto, esto no se tiene que seguir al pie de la letra, pero por lo menos es una idea tradicional de cómo llevar a cabo la boda:

- **Preludio**:

  La intención aquí es que haya un ambiente de reverencia antes de que la boda empiece. Por lo general, un himno instrumental es adecuado en esta sección. Es al final de este preludio donde el pastor, seguido por el novio, entra, indicando que la boda ha iniciado. El pastor se pone de pie en el centro, y el novio a su derecha.

- **Procesión**:

  No todas las bodas tienen corte, pero si la hubiera, sería algo así:
  - Damas y caballeros.
  - Parientes y padrinos.
  - Niña de las flores y niña (o niño) de los anillos. Estos anillos se entregan al pastor, quien espera de pie en la tarima.
  - Padres de los novios.
  - Novia acompañada por su padre o figura paterna (o en algunos casos, padre y madre).

  Antes de que la novia entre, el pastor le pide a la congregación que se ponga en pie para recibirla adecuadamente.

- **Bienvenida y oración**:

  El pastor provee una corta explicación del propósito de la celebración, y se le pide al Señor por su presencia y exaltación. Este es un ejemplo:

Nos hemos reunido hoy para alabar al Señor por su pacto de gracia, y el mensaje de reconciliación hecho con nosotros por medio de Cristo Jesús.

Estamos reunidos hoy para escuchar la proclamación del evangelio, y para ser testigos del pacto matrimonial al cual [nombre del novio y nombre de la novia] desean entrar hoy delante de Dios.

El matrimonio cristiano es un pacto de gozo entre un hombre y una mujer, en el cual cada uno declara, enfrente de Dios y nosotros sus testigos, un compromiso a vivir en unidad espiritual, física y material.

Después de esto se ora y se le pide a la congregación que se siente.

- **Declaración de consentimiento:**

En esta sección el pastor se dirige primero al novio, luego a la novia, y finalmente al padre de la novia. El razonamiento detrás de esto es proveerle a la pareja la oportunidad de declarar públicamente su intención de entrar al pacto matrimonial. He aquí un ejemplo:

[nombre del novio]: ¿Estás dispuesto, por tu propia voluntad, a dejar a tu padre y a tu madre, y a tomar a esta mujer como tu esposa legal de por vida, y a cumplir los requisitos del santo pacto matrimonial instituido por Dios? ¿Estás dispuesto, como su esposo, a proveer para ella un hogar, donde sea amada y cuidada mientras que Dios le dé vida? Si es así, di: «Lo estoy».

[nombre de la novia]: ¿Estás dispuesta, por tu propia voluntad, a dejar a tu padre y a tu madre, y a tomar a este hombre como tu esposo legal de por vida, y a cumplir los requisitos del santo pacto matrimonial instituido por Dios? ¿Estás dispuesta, como su esposa, a proveer para él un hogar donde sea amado y respetado mientras que Dios le dé vida? Si es así, di: «Lo estoy».

[El pastor se dirige al padre]: «¿Quién entrega a esta mujer en matrimonio con este hombre?».

El padre responde dando su nombre: «Yo [nombre del padre], entrego/encomiendo a mi hija a este varón el día de hoy».

El novio toma la mano de la novia. El padre toma su lugar, y la pareja se pone delante del pastor.

- **Canto especial y lectura:**

  Este canto y lectura es la transición entre la declaración y el mensaje. Se sugiere un canto congregacional donde el Señor sea exaltado por quien Él es y lo que ha hecho. La idea es que tanto los novios como la congregación piensen en que el matrimonio es acerca de Él de principio a fin. Se recomienda para la lectura de la Escritura el texto que se va a utilizar para el mensaje, o un pasaje que sea significativo para la pareja.

- **Mensaje:**

  En esta sección son importantes dos cosas. Primero, el mensaje no está dirigido a la congregación, sino a los novios. Este no es un mensaje evangelístico (a menos que sea solicitado por los novios). Tampoco es una exposición extensa. El mensaje debe ser accesible, corto y profundo (yo sugeriría de diez a quince minutos máximo). La pregunta que te puedes hacer al preparar el mensaje para una boda es esta: ¿cuál es la mejor forma en que esta pareja le puede dar gloria al Señor en su matrimonio? Y segundo, el pastor debe saber que el mensaje no es acerca de él. Es acerca del Señor y lo que Él quiere hacer en y por medio de la pareja que se está casando.

- **Votos y anillos:**

Esta sección es crucial en la boda. La tendencia en la iglesia moderna es intercambiar votos que hablan de todo menos de compromiso, pacto, entrega, y por supuesto, del Señor. Es por eso que en nuestra iglesia, si la pareja desea intercambiar palabras el uno al otro, lo permitimos, pero después de eso hacemos los votos tradicionales. Este es un ejemplo de cómo lo hacemos en nuestra iglesia local:

[Nombre del novio] y *[nombre de la novia]*, enfrente del Señor y todos estos testigos, queremos invitarlos a intercambiar los votos del pacto matrimonial.
Mírense y tómense de las manos.
[El novio repite con el pastor]:
«Yo *[nombre]*, te tomo a ti *[nombre]*, como mi esposa de por vida desde hoy en adelante,
Y te prometo amarte, honrarte y cuidarte;
Serte un esposo fiel,

En prosperidad y adversidad,

En enfermedad o salud,

Hasta que la muerte nos separe;

Delante de Dios te doy esta promesa.

[Tomar el anillo].

Con este anillo,

Yo sello mi promesa de serte un esposo fiel,

Y con todo lo que tengo y todo lo que soy,

Te amaré».

[Poner el anillo].

[La novia repite con el pastor]:

«Yo *[nombre]*, te tomo a ti *[nombre]*, como mi esposo de por vida desde hoy en adelante,

Y te prometo amarte, honrarte y respetarte;

Serte una esposa fiel,

En prosperidad y adversidad,

En enfermedad o salud,

Hasta que la muerte nos separe;

Delante de Dios te doy esta promesa.

[Tomar el anillo].

Con este anillo,

Yo sello mi promesa de serte una esposa fiel,

Y con todo lo que tengo y todo lo que soy,

Te amaré».

[Poner el anillo].

- **Velas de unidad (opcional):**

En mi contexto, en Estados Unidos, esto es muy común. El origen de este símbolo en realidad no es muy claro, y algunos lo han rechazado completamente al decir que es una costumbre pagana. La realidad es que no hay mucha evidencia que afirme que sea pagana o que no lo sea. Por lo tanto, yo lo dejaría a la discreción de la pareja y el pastor.

Hay dos simbolismos que se le pueden dar a esto. Primero, un recordatorio a la pareja de que Cristo es la luz del mundo (Juan 9.5), y que sus vidas son un reflejo de esa luz (Mateo 5.16). El otro simbolismo que puede darse es el de la unión espiritual en la cual la pareja, a raíz del matrimonio, ahora es «una sola carne» (Génesis 2.24).

Si esto se lleva a cabo, se sugiere colocar las velas en uno de los extremos, no en el centro. La idea es que la Palabra sea lo único en el centro de la ceremonia, y todo lo demás secundario.

- **Oración y bendición pastoral:**

  Tiene lugar después que la pareja ha vuelto al lugar de inicio. La intención de esta oración es encomendar a la pareja al Señor y pedirle por su guía y bendición.

- **Declaración y beso nupcial:**

  La declaración es, hasta cierto punto, la clausura de la ceremonia. El pastor declara públicamente la unión de la pareja y los declara marido y mujer.

Ustedes han venido hoy delante de Dios y de estos testigos, y han expresado su deseo de ser marido y mujer. Ustedes han demostrado su compromiso al intercambiar votos y al intercambiar anillos. La Escritura nos recuerda «que ya no son dos, sino una sola carne [...] lo que Dios ha unido, ningún hombre lo separe» (Mateo 19.6). Por tanto, por la autoridad investida en mí como ministro del evangelio de Jesucristo, yo ahora los declaro marido y mujer. Puedes besar a tu esposa.

- **Introducción del nuevo matrimonio:**

    Nuestra costumbre es presentar a la pareja frente a la congregación antes de salir del santuario. La costumbre por lo general es mencionar el nombre de él y de ella, y añadir los apellidos que ahora la pareja tiene.

SOBRE LA RECEPCIÓN

La parte de la recepción en una boda cae bajo la categoría de sabiduría, ya que no hay nada en la Escritura que hable en específico de este tema. Sin embargo, para la gran mayoría de las parejas la recepción es importante y, por lo tanto, necesitamos abordar el tema.

Empecemos por reconocer que la recepción es parte de la boda, y se requiere que ahí también el Señor sea exaltado. La tendencia para muchos es divorciar la recepción de la ceremonia. En su forma de pensar, la ceremonia es espiritual, pero la recepción no. Esto es en realidad un dualismo espiritual que la Biblia no nos permite tener. Todo es para la gloria del Señor (1 Corintios 10.31) y todo se hace ante su presencia (Mateo 18.20).

SOBRE LA BASE DE ESTO, HE AQUÍ ALGUNAS SUGERENCIAS:

Primero, es importante por lo menos invitar a la pareja a mirar todos los elementos de la recepción y hacerse la pregunta: ¿honra esto al Señor? (Proverbios 3.7). Animaría a los pastores a ejercitar el discernimiento en esto, ya que el rol del pastor no es el de dictar qué debe o no debe hacer la pareja en la recepción. Como la Escritura no habla de esta celebración en específico, nuestro rol es aconsejar e impartir sabiduría.

Segundo, invitaría a la pareja a tomar en cuenta su contexto. Por lo general, las parejas invitan tanto a creyentes como a no creyentes a la boda. La idea es crear un ambiente de celebración, sin ser legalistas o religiosos, pero tampoco aburridos. El Señor Jesús nos muestra que la boda es una celebración (Mateo 22) que requiere intencionalidad al celebrar.

Y tercero, un par de sugerencias para los pastores. Yo los animaría a participar en la celebración. Si hay algo que he aprendido en mi tiempo de ministerio es que mi presencia es importante para la pareja. Si me han dado el honor de unir sus vidas frente al Señor, lo menos que puedo hacer por ellos es unirme a su celebración, aunque sea tan solo por una hora. También los animaría a ser pacientes y amorosos en caso de que vieran algo inadecuado durante la celebración. La Biblia nos llama a gozarnos con los que se gozan (1 Corintios 7.30) y la gran mayoría de las cosas puede esperar para otro momento. Por último, y tal vez lo más controversial, yo los animaría a tener cuidado con querer imponer su posición en cuanto al alcohol y la música durante la recepción. Existen diferentes posiciones bíblicas frente a esto, y ustedes pueden dar su punto de vista, pero tienen que respetar la posición de la pareja. Una vez más, nuestro llamado es ayudarlos a responder la pregunta: ¿honra esto al Señor?

¡Qué gozo es ser parte de una ceremonia santa! Tómalo en serio, pues son momentos inolvidables para muchas personas. ¡Qué Dios te use para proclamar el evangelio en la unión del matrimonio!

Capítulo 19

Tu primer funeral

Por Carlos Contreras

C reo que nada es tan desconcertante para un nuevo pastor como tener que oficiar su primer funeral. A la vez, nada es tan seguro en el ministerio pastoral como el hecho de que deberemos oficiar decenas de funerales, muchos de ellos hasta trágicos.

Aunque dolorosas, estas son ocasiones ideales para pastorear a la congregación, trayendo dirección y consuelo bíblicos.

VIVIMOS EN UN MUNDO CAÍDO

Por la misericordia de Dios, no tuve que oficiar un funeral durante los primeros diez años de mi ministerio. Los primeros siete años servía como pastor asociado, y el pastor titular se encargaba de esa tarea. Los siguientes tres años no tuvimos ningún deceso debido a la relativa juventud promedio de la congregación.

Pero el cáncer ataca inesperadamente y tuvimos que despedir a una joven hermana soltera que había sido de los primeros miembros de nuestra iglesia. Su enfermedad la fue destruyendo y debilitando hasta que murió en su casa, rodeada de sus padres, hermanos y algunos de nosotros. Su servicio funerario fue muy sentido, y compartí un mensaje sobre vivir y morir en fe, basado en Hebreos 11.13–15. Despedíamos a una hermana que terminaba su peregrinaje en esta tierra, y había ese sentido de unidad y hasta gozo entre los hermanos. Eso fue hace más de quince años, pero debí suponer que las cosas no serían siempre así.

Tan solo un año después, enfrentamos la tragedia del asesinato brutal de un hombre mayor, miembro de la iglesia, padre y abuelo en una de las familias más queridas de la congregación. Era la primera sacudida de lo que sería una constante en mi vida como pastor. De ahí hemos tenido que despedir a hermanos que han muerto en accidentes, por enfermedades, víctimas de la violencia y el crimen, o que simplemente mueren por vejez. También hemos tenido que sepultar a bebés que murieron a días de haber nacido, y a padres que han muerto de manera repentina, dejando huérfanos a sus hijos.

Durante el tiempo de crimen y violencia en mi ciudad, Juárez, las funerarias nos llamaban con la esperanza de que pudiéramos traer algún consuelo a los familiares de personas ejecutadas o víctimas del crimen organizado. Hasta hemos tenido que traer palabras de dirección y consuelo a familiares de personas que se han suicidado. No hay manera de estar preparado de antemano para enfrentar todo este tipo de circunstancias dolorosas. Pero sí hay algunos principios básicos que un joven pastor debe tomar en cuenta para poder responder de manera efectiva a lo que de seguro tendrá que enfrentar.

PRINCIPIOS BÁSICOS

1. *Prepara a la congregación*

Primero que todo, es nuestra responsabilidad preparar a la congregación para enfrentar el sufrimiento y la muerte. Un sano fundamento doctrinal debe traer esperanza y seguridad en la soberanía, sabiduría y bondad de Dios (1 Tesalonicenses 4.13). No podemos afirmar el amor de Dios en el funeral de una persona que tuvo una muerte trágica ocasionada por un brutal crimen sin que hayamos establecido en la gente la seguridad del amor de Dios evidenciado en la cruz de Cristo Jesús (Juan 3.16).

¿Cómo podemos dar razón de que Dios es bueno y sabio si permite la muerte de una joven madre que deja a sus tres niños huérfanos? Será imposible, a menos que la congregación haya estado cimentada en las verdades del evangelio de la gracia de nuestro Señor; en los atributos gloriosos de la bondad (Salmos 86.15), soberanía (Daniel 4.35), justicia (Deuteronomio 32.4) y sabiduría (Isaías 55.9) de nuestro Dios, y en la esperanza segura de nuestro destino eterno (1 Corintios 15.21).

2. *Enseña la realidad del dolor*

La congregación no necesita que intentemos redirigir su corazón hacia un gozo ficticio. La muerte produce tristeza, y es una realidad que debemos enfrentar y lamentar, aunque nuestra esperanza sea la vida eterna con Cristo Jesús. ¡Jesús mismo lloró! (Juan 11.35).

Hay que dar oportunidad a que la gente experimente y exprese su duelo. Nunca es sabio tratar de convencer a alguien que ha perdido a un hijo de que deje su dolor, porque seguramente él o ella ya está con Cristo. La gente necesita saber que su dolor es real y válido, pero que la gracia y el consuelo de nuestro Señor Jesucristo están disponibles para ayudarles a sobrellevarlo.

3. *Prioriza las necesidades del momento*

Aunque los funerales son oportunidades para compartir el evangelio con los no creyentes, un pastor sabio sabrá dar la debida prioridad a las necesidades específicas de los oyentes.

> La gente necesita saber que su dolor es real y válido, pero que la gracia y el consuelo de nuestro Señor Jesucristo están disponibles para ayudarles a sobrellevarlo.

Antes de conocer a Cristo escuché a mis padres comentar de la insensatez de un pastor que, queriendo exaltar el gozo que tienen los cristianos por su salvación, ignoró por completo a la familia doliente, y así alienó a los demás oyentes con su insensibilidad. En un funeral hay que hablar cuidadosamente y dar consuelo primero a aquellos en duelo, luego a los creyentes de la congregación, y finalmente a los no creyentes.

4. *Confía en el Espíritu*

Frecuentemente te preguntarás: «¿Qué puedo decir ante esto?». Humanamente, no tenemos la capacidad de traer un mensaje que sea efectivo para aliviar todo dolor. Eso me ha llevado a confiar aún más en la ayuda del Espíritu Santo.

Para empezar, usualmente no tienes mucho tiempo para preparar el mensaje. Podrás cumplir tu ministerio si te dispones a servir a los que se duelen y muestras a Cristo, dependiendo de la guía del Espíritu Santo. Nadie es apto para este trabajo, y el dolor o la tragedia nos lo hace bien evidente.

5. *Apunta al evangelio*

Seremos llamados a oficiar funerales de personas que sabemos, o al menos sospechamos, que no eran creyentes. ¿Qué decir en esos contextos? Estos son los funerales más difíciles, y hacen que los funerales de los hermanos fieles sean verdaderamente dulces.

No puedes dar esperanzas falsas y decir que la persona ya se encuentra disfrutando del cielo. Pero tampoco es ocasión para decirles a los familiares que su ser querido pasará el resto de la eternidad en el infierno. Usualmente, lo mejor es empezar hablando de los atributos de nuestro Dios, de la grandeza de su compasión y misericordia (Salmos 103; 116), para poder luego encomendar al difunto a las manos de ese justo y buen Dios. No podemos ya hacer nada por el difunto, pero debemos dejar claro que será Dios el que en su perfecta sabiduría, justicia y bondad defina el destino eterno de la persona.

Luego, puesto que no hay una base firme para hablar de esperanza, es necesario hacer una transición para hablar de los que nos quedamos aquí. Por ejemplo, varias veces he referido el texto de Eclesiastés 7.1-3 para llevar a la gente a reflexionar sobre su propia vida, a que piensen: *¿Qué es lo que el difunto nos diría si pudiera volver?* (Lucas 16.19–31).

Enfrentar la muerte de una persona debe llevarnos siempre a la reflexión sobre lo ineludible de nuestra propia muerte, y esa es la oportunidad que tenemos de presentar la buena noticia del evangelio de la gracia de nuestro Señor Jesucristo.

UN TESTIMONIO PODEROSO

La muerte de un miembro de la congregación debe ser un testimonio poderoso al mundo de nuestra fe inconmovible en un Dios a quien no vemos, pero amamos.

En el 2004, dos jóvenes que salían de su reunión semanal sufrieron un terrible accidente automovilístico que les arrebató la vida a unos trescientos metros luego de haber salido de la congregación. Varios de sus compañeros fueron testigos de la tragedia.

En el funeral doble había cerca de mil personas, muchas de ellas no creyentes. Ese fue uno de los servicios más dolorosos que he tenido que enfrentar como pastor. No podía contener las lágrimas, y tuve que hacer breves pausas para poder terminar mi mensaje basado en la muerte de Lázaro en Juan 11. Cristo podía haber evitado el accidente, de la misma forma que podía haber evitado la muerte de su amado Lázaro. Pero no lo hizo, y eso rompía nuestro corazón.

Con lágrimas terminé haciendo mención de que Cristo resucitó a Lázaro, y sin lugar a dudas resucitaría a nuestros hermanos que habían muerto. No hice un llamado evangelístico (ni siquiera lo pensé); solo pensé en el dolor de las familias y la congregación. Pero nuestra congregación cambió ese día. Ante el dolor y el desconcierto, la iglesia se reunió con amor y fe a despedir a dos hermanos queridos, y Cristo fue exaltado y adorado.

Hay varios miembros de la congregación que se convirtieron y unieron como resultado de ese servicio. El testimonio masivo de unidad y fe inconmovible en un Dios que muchas veces nos desconcierta al probar nuestra fe fue lo que impactó la vida de esas personas que aún no conocían a Jesús.

Por ello, creo que los funerales son una de las oportunidades ministeriales más importantes que se nos conceden. Son la oportunidad de exaltar a nuestro Señor y Salvador al afirmar nuestra fe y esperanza en sus promesas.

No se trata solamente de intentar aliviar el dolor, sino de traer un mensaje que señale la grandeza de nuestro Dios, a pesar de que Él es inescrutable, con la esperanza de que puedan ver su gloria y su gracia, y corran a Él en medio del dolor y la tristeza.

Capítulo 20.

Tu primera disciplina de la iglesia

Por Héctor Salcedo

Hay temas de los que uno no siempre quiere hablar, pero que son de vital importancia para la salud de un organismo. Por ejemplo, muchas veces las personas no quieren ir al médico, porque saben que tendrán asuntos que revisar. De igual modo, en algunas familias hay algunos temas que «no se tocan» para mantener la paz. Pero si fuéramos al médico, estaríamos en una condición más sana; si las familias hablaran, tendrían una mejor relación. Algo similar sucede con este tema de la disciplina de la iglesia.

En su sentido amplio, la disciplina de la iglesia puede ser tanto formativa como correctiva. Según Davis Huckabee, la disciplina formativa de la iglesia «consiste en la enseñanza y el entrenamiento de los creyentes en relación con sus responsabilidades como cristianos y miembros de la iglesia, y esta enseñanza y entrenamiento bien podría ser llamada disciplina preventiva, porque la enseñanza de la Palabra es un antídoto adecuado para todas las formas de pecado».[1]

Sin embargo, la disciplina formativa no siempre impide el pecado entre los que son parte de la iglesia. Debido a esta triste realidad, cuando se observa entre los cristianos una conducta pecaminosa sistemática e impenitente, es tiempo para la disciplina correctiva, que es el tema de este capítulo. En tal sentido, la disciplina podría definirse como el proceso de intervención mediante el cual una iglesia guía a un cristiano que ha caído en pecado —por ignorancia o desobediencia— al arrepentimiento, y por ende a la restauración de su caminar con Dios (Mateo 18.15–20; Gálatas 6.1).

La disciplina de la iglesia tiene como fundamento el hecho de que Dios disciplina a sus hijos. Según Hebreos 12.5–11, la disciplina de Dios debe ser vista como algo bueno, por al menos dos razones. Por un lado, es una muestra de su amor, pues «el Señor al que ama disciplina» (Hebreos 12.6a), y por el otro, resulta en provecho espiritual para el disciplinado, en vista de que «nos disciplina para nuestro bien, para que podamos compartir Su santidad» (Hebreos 12.10b).

Me gustaría responder dos preguntas básicas con relación a la disciplina de la iglesia. En primer lugar, ¿por qué es necesaria la disciplina? Y en segundo lugar, ¿qué proceso debe seguir una iglesia al aplicar la disciplina a un miembro?

EL MANDATO A PRACTICAR LA DISCIPLINA DE LA IGLESIA

Muchos cuestionan el derecho de la iglesia a «intervenir» en la vida de sus miembros. Algunos alegan que la disciplina resulta en una intromisión a la privacidad que es contraria a la libertad cristiana. Otros conciben la aplicación de la disciplina como un acto legalista, porque dicen: «Quien esté libre de pecado que tire la primera piedra». Y otro grupo entiende que la disciplina contradice la gracia y que, por tanto, no debería ser practicada por la iglesia.

A pesar de la diversidad de opiniones, la Palabra de Dios es clara. La práctica de la disciplina de la iglesia no es algo opcional: es un mandato para toda iglesia. Es un mandato porque Jesús se refiere a ella en imperativo al decir: «Si tu hermano peca, ve y repréndelo a solas» (Mateo 18.15). El discípulo de Jesús tiene el mandato de ir («ve») donde su hermano que se encuentra en pecado, y tiene el deber de «intervenir».

De la misma manera, Pablo reprende a los corintios precisamente porque no habían confrontado y aplicado la disciplina a un hermano que permanecía en pecado. En 1 Corintios 5.5 les instruye: «Entreguen a ese tal a Satanás para la destrucción de su carne». Adicionalmente, Pablo manda a «amonestar a los indisciplinados» (1 Tesalonicenses 5.14) y a suspender todo contacto y relación con «todo hermano que ande desordenadamente» (2 Tesalonicenses 3.6b). Es claro, entonces, que la comunidad de la iglesia debe velar por la santidad en las vidas de sus miembros, y estar presta a intervenir por medio de un proceso disciplinario cuando sea necesario.

Ahora bien, el mandato a practicar la disciplina de la iglesia se basa en que es necesaria, y hay al menos tres razones bíblicas que lo muestran:

1. *Es necesaria debido a la tendencia del pecado a enraizarse en la vida del creyente*

En Romanos 7.8–24, Pablo habla de manera dramática sobre su lucha con el pecado. Resulta increíble ver la lucha con el pecado del apóstol Pablo cuando dice: «Pues no hago el bien que deseo, sino que el mal que no quiero, eso practico» (Romanos 7.19). Así de fuerte, así de profundo es el pecado que aún permanece en los corazones de los creyentes.

Dicha condición implica que, en ocasiones, los creyentes necesitan de la ayuda amorosa que es la disciplina de la iglesia para dejar atrás prácticas pecaminosas en sus vidas. De ahí que «si tu hermano peca, ve» (Mateo 18.15). Por eso Pablo manda a que «si alguien es sorprendido en alguna falta, ustedes que son espirituales, restáurenlo en un espíritu de mansedumbre» (Gálatas 6.1b).

Es importante observar que tanto Jesús, en Mateo 18.15, como Pablo, en Gálatas 6.1, dan por sentado que el creyente puede pecar, y de hecho lo hará. ¡Eso no debe sorprender a nadie! La naturaleza caída sigue presente. Es precisamente por esto que la disciplina de la iglesia se hace necesaria. Es parte de la medicina que Dios usa para sanar a su pueblo enfermo por el pecado. Bien dice Hebreos 12 que la disciplina es muestra de su amor.

2. *Es necesaria en vista de la naturaleza furtiva del pecado en la vida del creyente*

El pecado remanente no solo es profundo, sino furtivo. Este término hace referencia a la tendencia que el pecador tiene, por diversas razones, a esconder su pecado. De hecho, esta tendencia se observa tan temprano como en el Edén. En Génesis 3.8 se indica que luego de que la primera pareja pecó, ¡lo primero que hicieron fue esconderse! Resulta extraño que Adán y Eva se escondieran de aquel que podía dar alivio a sus conciencias y perdón a sus almas, pero eso es lo que el relato reporta.

Esta tendencia a esconder el pecado es parte de lo que la disciplina de la iglesia trata de resolver. Muchos creyentes no dejan su pecado a menos que se les señale. De hecho, muchos creyentes ni siquiera ven su pecado a menos que otros se lo muestren.

Dios sabe esto, y por dicha razón deja instrucciones específicas para que en la iglesia nadie peque con impunidad, sino que por el contrario, unos velen por los otros y se ayuden a caminar en santidad. La disciplina de la iglesia es necesaria también por este motivo.

3. *Es necesaria porque persuade a otros a no pecar*

Adicionalmente, cuando la disciplina de la iglesia es aplicada sobre alguno, los que observan y son testigos de dicha disciplina son persuadidos a no pecar, ya sea en el mismo ámbito que motivó la disciplina o en cualquier ámbito de sus vidas.

En este sentido, las palabras de Pablo son sobrias cuando les dice a los corintios: «La jactancia de ustedes no es buena. ¿No saben que un poco de levadura fermenta toda *la* masa?» (1 Corintios 5.6). El contexto de este pasaje es la disciplina aplicada a una persona que estaba teniendo una relación impura con «la mujer de su padre» (1 Corintios 5.1c). En dicho pasaje, Pablo manda a los corintios a disciplinar a esa persona, y les informa que no hacerlo «fermenta» al resto; es decir, afecta la pureza del resto de la iglesia. En otras palabras, es posible que otros se vean motivados a pecar al ver que dicho individuo no es disciplinado.

En otro pasaje, y hablando de la disciplina a los líderes, Pablo instruye a Timoteo lo siguiente: «A los que continúan en pecado, repréndelos en presencia de todos para que los demás tengan temor *de pecar*» (1 Timoteo 5.20). Es decir, reprender públicamente a un líder, como parte de un proceso de disciplina, genera en otros temor de pecar.

EL PROCESO PARA APLICAR LA DISCIPLINA DE LA IGLESIA

Definitivamente hay más acuerdo en la necesidad de la disciplina que en la forma de aplicarla. Parece ser que la razón de esto es que, aunque la Palabra de Dios da algunos principios sobre el proceso, deja mucho margen de discreción al liderazgo para determinar la «mejor forma» de proceder con cada caso.

Dios, es su infinita sabiduría, sabía que la enorme variedad de casos a ser disciplinados, con todas sus variantes, no podrían ser circunscritos a un «manual». De ahí que cada proceso disciplinario, aunque guiado por principios bíblicos, requiere que el líder busque intensamente la sabiduría, para entonces poder aplicar dichos principios a cada caso particular con el propósito de lograr la restauración del pecador (Mateo 18.15–20; Gálatas 6.1).

En este sentido, a continuación menciono algunos aspectos bíblicos que se deben tomar en cuenta en un proceso disciplinario:

1. *La actitud*

El pecado del otro debe dolerle al que confronta. El hermano que peca es parte del cuerpo de Cristo, y su condición debe producir compungimiento y tristeza. «Hermanos, aun si alguien es sorprendido en alguna falta, ustedes que son espirituales, restáurenlo en un espíritu de mansedumbre, mirándote a ti mismo, no sea que tú también seas tentado» (Gálatas 6.1). Hay dos actitudes que debe exhibir el que confronta, a saber: mansedumbre y humildad. La combinación de estas dos actitudes supone que el pecador siente al que confronta como un hermano y no como un juez. Alguien que está por él, no contra él. Lamentablemente, una mala actitud estropea el proceso de disciplina, y lejos de restaurar y acercar al pecador al arrepentimiento, le es piedra de tropiezo.

2.   *El «gatillo» de la disciplina*

Según Mateo 18.15, el pecado del hermano es el «gatillo» del proceso disciplinario. «Si tu hermano peca, ve y repréndelo». Parecería que el pasaje manda a confrontar todo pecado de todo hermano. La realidad es que si el pasaje es aplicado de esa forma, la iglesia se convertiría en un lugar donde abunda el juicio y la crítica más que la gracia y la misericordia.

En este sentido, Albert Mohler sugiere que a la luz de la Palabra de Dios, hay tres áreas que ameritan disciplina: (1) fidelidad de la doctrina, (2) unidad y compañerismo, y (3) pureza de vida.[2] En otras palabras, todo aquello que atente contra la verdad del evangelio, la unidad de la iglesia y la santidad personal debe ser considerado objeto de disciplina.

En ocasiones, antes de proceder sería sabio comprobar si el pecado observado en un hermano es un destello ocasional del hombre viejo o se trata de una práctica de pecado que caracteriza su vida. De comprobarse una práctica, y sin importar lo pequeño que sea el pecado, debe ser confrontado. Ahora bien, hay pecados que a pesar de que no son una práctica en la vida del hermano, por su nivel de gravedad ameritan confrontación y disciplina desde que se tiene conocimiento del mismo, por ejemplo, pecados sexuales, estafa, entre otros.

3. *Los pasos de la disciplina*

Mateo 18.15–20 establece los pasos a seguir una vez que se determina que un hermano debe de ser confrontado con su pecado.

- A solas. «Ve y repréndelo a solas; si te escucha, has ganado a tu hermano» (v. 15). Se trata de una conversación privada con el pecador acerca del pecado en cuestión. Uno de los aspectos más ignorados del proceso de disciplina es precisamente la instrucción de «a solas». Además de ser privada, implica que el asunto no sea compartido con nadie más previamente. Si en dicho encuentro el pecador reconoce su pecado y se arrepiente, se tuvo éxito y ahí queda el asunto.

- Uno o dos más. «Pero si no *te escucha*, lleva contigo a uno o a dos más» (v. 16). Si lo anterior no funcionó, luego de un tiempo se convoca a una conversación con dos o más testigos presentes. La razón es proteger a todos los involucrados de falso testimonio, así como aumentar la presión sobre el pecador. Es importante tener testigos discretos, y que representen algún tipo de autoridad sobre el pecador como forma de persuadirlo a abandonar su mal proceder.

- La iglesia. «Y si rehúsa escucharlos, dilo a la iglesia» (v. 17a). Si lo anterior no funciona, luego de un tiempo se debe informar a la iglesia de la falta de arrepentimiento del que está en pecado. En este punto, en una reunión se le solicita a la iglesia que aquellos que conocen al hermano lo contacten, lo busquen, y traten de hacerlo desistir de su pecado.

- Excomunión. «Y si también rehúsa escuchar a la iglesia, sea para ti como el gentil y el recaudador de impuestos» (v. 17b). Si el hermano persiste en su pecado, luego de un tiempo, entonces se procede a excluirlo de la membresía y la comunidad de la iglesia. Esto es lo que se conoce como excomunión o expulsión. En términos de Jesús: «Sea para ti como el gentil y el recaudador de impuestos». En términos de Pablo, la persona ha sido entregada a Satanás (1 Corintios 5.5).

Hay varios aspectos importantes que se deben mencionar como complementos del proceso presentado. Por un lado, entre cada paso del proceso debe existir un tiempo, el cual será determinado por factores que el liderazgo de la iglesia considerará. Dicho tiempo es un reflejo de la paciencia de Dios al lidiar con el pecador, pero también es necesario en vista de que normalmente el pecador no acepta su desvío de manera repentina.

Por otro lado, debe enfatizarse que la actitud de mansedumbre y humildad instruida en Gálatas 6.1 debe caracterizar cada encuentro con el pecador. Esta fue la actitud exhibida por Jesús con el extraviado. Una mala actitud del que confronta da excusas al pecador para permanecer en su falta. Eso hay que evitarlo. Debe quedar claro que si el pecador persiste en su pecado, se debe a su propia terquedad.

Por último, en caso de que la persona se arrepienta de su pecado en cualquier paso del proceso, será necesario una confesión delante de aquellos que están al tanto de su desvío. Esto implica que en caso de que lo haga luego de ser enterada la iglesia, entonces procederá una confesión pública donde exprese su arrepentimiento y solicite el perdón de los presentes. Es importante mencionar que la confesión pública también será necesaria en los casos en que el pecado, aunque confrontado y aceptado en privado, sea un hecho conocido públicamente.

Mucho más se pudiera decir de la disciplina de la iglesia. El espacio no lo permite. Lo cierto es que en una generación como la de hoy, en la que los valores absolutos prácticamente no existen y uno de los dichos más populares de la cultura es «no juzgues», los pastores y líderes cristianos tienen el desafío de aplicar la disciplina con miras a la santidad de la iglesia, sin importar lo que el mundo opine. Tú puedes actuar con toda confianza, pues Dios mismo te respalda.

Capítulo 21.

El presupuesto de la iglesia

Por Héctor Salcedo

Paradójicamente, el tema del presupuesto genera mucho interés, pero poco entusiasmo. El interés se debe a que todos reconocen que es un tema fundamental a nivel individual, familiar e incluso en el ámbito de la iglesia. No obstante, el poco entusiasmo se debe a que elaborar un presupuesto y hacerlo bien, como se debe, es trabajo duro.

En Lucas 14.28 leemos lo siguiente: «Porque, ¿quién de vosotros, deseando edificar una torre, no se sienta primero y calcula el costo, para ver si tiene lo suficiente para terminarla?». Esta pregunta Jesús la hace en el contexto del costo del discipulado cristiano y lo que trata de ilustrar es que toda persona que considere seguirlo debe primero calcular, en otras palabras, presupuestar lo que esto le «costará», de la misma forma que un constructor debe hacer un presupuesto antes de iniciar su construcción. Para Jesús, presupuestar es algo que se supone debe ocurrir antes de iniciar un proyecto. Esto no solo es deseable, es sabio. De hecho, de la expresión de Jesús podríamos deducir que no presupuestar sería una necedad, en vista de que, en este mundo, siempre dispondremos de recursos limitados.

Dada esta realidad, la sabiduría de presupuestar se aplica aún a la iglesia. En este sentido, ¿cómo podría una determinada iglesia elaborar un presupuesto? Responder a esta pregunta será el propósito del resto de este capítulo.

De manera práctica, un presupuesto es poner números a los planes que se tienen. Nota que el plan va primero, luego dicho plan se presupuesta. En el caso de una iglesia, se deben elaborar primero los planes ministeriales y luego estimar lo que implican financieramente dichos planes. La razón para hacerlo de esta forma es que, como ya dijimos, el presupuesto no genera entusiasmo, ¡pero los planes sí! Cuando informamos a la iglesia de los planes que se tienen, y dichos planes despiertan el entusiasmo de la congregación, entonces los recursos son aportados con mayor facilidad.

> Un presupuesto es poner números a los planes que se tienen.

LOS PASOS CORRECTOS

Uno de los errores más comunes que cometen algunas iglesias es que planifican en función de los recursos, en lugar de gestionar recursos en función de sus planes. Es como poner la carreta delante del caballo. Cuando la congregación no se siente animada con los planes de la iglesia, es poco probable que aporten los recursos necesarios.

De esto podemos deducir que el primer paso para elaborar adecuadamente un presupuesto es la oración. No se pueden tener planes que vayan a ser de bendición a menos que la iglesia haya orado. Los planes son de Dios, y la iglesia los lleva a cabo. En el caso particular de nuestra congregación, la Iglesia Bautista Internacional (IBI), los pastores y ancianos tenemos dos retiros al año. El primero es a mediados de año y el segundo a finales. Uno de los objetivos principales del segundo retiro, que usualmente dura varios días, es orar de manera conjunta, y pedirle a la congregación que también lo haga, para que en estos días los ancianos sean capaces de discernir el plan del próximo año para la iglesia. Dicho plan debe incluir todas las iniciativas que se entienden debemos emprender en función de la visión que tenemos como iglesia.

Hay que señalar que existe cierto número de buenas iniciativas que usualmente son «dejadas fuera» del plan en vista de que no se corresponden con la visión de la iglesia. Es precisamente este el segundo paso para la elaboración adecuada de un presupuesto, a saber, un trabajo en equipo por parte de los líderes de la iglesia en torno a aquellos planes que procedería desarrollar teniendo en cuenta la visión de la iglesia.

Luego de contar con dichos planes, que usualmente se resumen en una agenda de actividades y una lista de «proyectos», es tiempo de proceder a un tercer paso, que consiste en que uno de los pastores, aquel que sea el más experimentado en asuntos administrativos, trabaje en la elaboración del presupuesto en cuestión, juntamente con aquellos hermanos que entienda pueden aportar a dicha tarea.

CONTANDO EL COSTO

Algunos planes no son considerados simplemente porque no son «razonables» en vista de que sobrepasan de manera excesiva la capacidad financiera de la iglesia. Hay que evitar plantearle a la iglesia planes que la desanimen por ser inalcanzables para su realidad económica. Dicha situación le resta credibilidad al liderazgo que lo propone, y puede tener el efecto contrario al deseado, es decir, generar menos aportes en lugar de más.

En este punto es importante señalar la importancia que tiene el que toda iglesia lleve registros adecuados de la gestión financiera. Diría que es imposible para cualquier institución elaborar y controlar un presupuesto a menos que cuente con cierto orden en sus cuentas. Para esto, gracias a la generación en la que nos ha tocado vivir, hay tecnología disponible a un precio razonable. De hecho, hay múltiples programas (*softwares*) que son capaces de llevar la contabilidad de cualquier iglesia y que, para manejarlos, solo requerirían cierto conocimiento técnico-contable y de computación.

Dichos registros contables también son útiles para poder reportar con cierta periodicidad a la iglesia cómo van evolucionando las finanzas conforme al plan que se estableció. En el caso específico de nuestra iglesia, los ancianos hemos establecido que dos veces al año, a saber, en julio y diciembre de cada año, se le presenta a los miembros de la iglesia la situación financiera de la misma. Dichos reportes serían imposibles de realizar a menos que contáramos con una contabilidad organizada.

Hay que señalar que en todo presupuesto hay una parte, en muchas ocasiones muy significativa, que es relativamente fácil de presupuestar. Nos referimos a aquellas partidas de ingresos y gastos que son habituales, hasta cierto punto predecibles, y que sencillamente solo hay que suponer que se mantendrán en el futuro. Por ejemplo, si la iglesia ocupa un local por el cual debe pagar alquiler, y el próximo año se da por sentado que permanecerá ahí, entonces solo es necesario considerar ese gasto con algún aumento por inflación, si es que la hay. De manera similar, hay servicios de energía eléctrica, comunicaciones, limpieza, seguridad, salarios de ciertos empleados, etc. que continuarán siendo los mismos o muy parecidos. Elaborar un cuadro de todas esas partidas será un ejercicio minucioso, pero no complicado.

Por otro lado, lo más complejo de presupuestar son aquellos planes que suponen nuevas partidas, es decir, nuevos empleados, nuevas inversiones en facilidades físicas y tecnológicas, y eventos o actividades que contienen de por sí múltiples partidas de gastos. No obstante, a pesar de la complejidad, sería muy poco sabio embarcarse en cualquiera de estas cosas sin antes hacer un presupuesto.

Cuando nuestra iglesia concluye la elaboración del presupuesto, se cuenta con dos documentos. Por un lado, se cuenta con el cuadro de ingresos y gastos habituales. Son aquellas partidas que ya dijimos son más fáciles de presupuestar. En este cuadro no hay «sorpresas». Aquí se incluye lo que cuesta mantener a la iglesia operando, haciendo lo que ya está haciendo y recibiendo los ingresos que habitualmente recibe por ofrendas.

Dicho cuadro se presenta a los miembros de la iglesia en diciembre de cada año. De esta forma, la iglesia es informada antes de cerrar el año.

Por otro lado, hay un segundo documento que incluye «los proyectos». Son aquellos planes, iniciativas o eventos que no forman parte de las operaciones habituales. Estas son cosas nuevas, que fueron planificadas luego de orar. Cada plan, iniciativa o evento se presupuesta por separado y se presenta a la iglesia en la misma reunión que se entrega el primer documento. En este sentido, se le informa a la iglesia que dichos planes serán realizados en la medida en que la iglesia vaya aportando a los mismos. La decisión es llevar aquello que los miembros de la iglesia apoyen financieramente. Se les exhorta a los hermanos a pensar que cualquier aporte, sin importar su monto, es importante.

Por último, el presupuesto requiere control. En otras palabras, es responsabilidad de los líderes de la iglesia observar que el presupuesto elaborado se vaya cumpliendo según lo establecido, y que cualquier desvío del plan sea comunicado a los miembros oportunamente. Para estos fines, algunos programas de contabilidad facilitan que mensualmente se pueda generar un reporte que compare las cuentas reales con las cuentas presupuestadas.

Lo anterior es de vital importancia en vista de que el manejo financiero transparente e íntegro

> Es responsabilidad de los líderes de la iglesia observar que el presupuesto elaborado se vaya cumpliendo según lo establecido, y que cualquier desvío del plan sea comunicado a los miembros oportunamente.

es absolutamente indispensable para que la congregación se sienta confiada en aportar sus recursos a los planes que los líderes presentan. En este punto es pertinente el cuidado que se debe tener en el uso de los recursos, destinándolos específicamente para aquello que los miembros aportaron. Es frecuente, y lamentable, que recursos aportados para un plan o iniciativa específica terminen en otro destino. Cuando esto ocurre, no solo el plan en cuestión no es realizado, sino que el testimonio de la iglesia de Cristo es afectado.

NÚMEROS QUE NO DAN

Ahora bien, es posible que en este punto surja la pregunta: ¿y qué pasa cuando los recursos que la congregación aporta no son suficientes para cubrir ni siquiera los gastos básicos de la iglesia? ¿Qué deben hacer los líderes de la iglesia ante esta situación?

Es un tanto difícil dar una respuesta única ante esta situación, con la que probablemente te encontrarás al inicio de tu congregación. Pero a pesar de correr el riesgo de generalizar, quisiéramos sugerir los siguientes aspectos o principios para que sirvan de reflexión.

Un primer principio es que sabemos que Dios provee para sus propósitos. De hecho, podemos afirmar que ningún plan de Dios nunca ha sido ni jamás será frustrado por causa de la escasez de recursos. Si esto es verdad, y así lo creemos porque la Palabra lo afirma (Isaías 46.10), la falta de recursos para ciertos planes e iniciativas puede ser un indicador de que Dios tiene planes distintos. Se requiere oración y humildad para discernir si este es el caso.

Un segundo aspecto que se debe considerar es el hecho de que la falta de transparencia en el manejo financiero de una iglesia pudiera conllevar a una escasez de recursos para llevar a cabo sus planes. En 2 Corintios 8.20–21 se lee: «...teniendo cuidado de que nadie nos desacredite en esta generosa ofrenda administrada por nosotros. Pues nos preocupamos por lo que es honrado, no sólo ante los ojos del Señor, sino también ante los ojos de los hombres».

Pablo está solicitando una ofrenda a los corintios en favor de la iglesia en Jerusalén que se encontraba en una gran necesidad. El contexto nos muestra que Pablo había conformado una «comisión» para recoger y administrar dicha ofrenda. La razón para dicha comisión era lo que dicen los versículos del 20 al 21, es decir: que «nadie nos desacredite [...] Pues nos preocupamos por lo que es honrado [...] ante los ojos de los hombres». Es muy evidente el gran cuidado de Pablo en no dar razón para que otros piensen mal de su manejo de los recursos económicos.

En este caso, si es que los pastores o líderes de alguna iglesia entienden que su manejo financiero ha sido poco transparente y ha traído «descrédito» al evangelio, corresponde arrepentirse y pedir perdón públicamente a la iglesia y tomar una serie de decisiones que procuren la pulcritud en el manejo de los recursos económicos

> La congregación puede necesitar ser exhortada a la generosidad y la participación en la obra de la iglesia.

que la congregación aporte, que dicho sea de paso, no les pertenecen a los pastores y líderes.

Por último, la congregación puede necesitar ser exhortada a la generosidad y la participación en la obra de la iglesia. Esta no es una labor fácil, pero el Nuevo Testamento nos da múltiples ejemplos de que los planes de la iglesia contaban con el apoyo económico de sus miembros, y que no obstante, en ocasiones fue necesario una amonestación para que dieran más. Ese fue el caso de Pablo cuando en 2 Corintios 8—9 amonesta a los corintios para que sigan el ejemplo de los macedonios en su generosa y sacrificada ofrenda en favor de sus hermanos en Jerusalén.

Cualquiera que sea el caso, ante la situación de que la iglesia enfrenta una escasez de recursos para llevar a cabo sus planes, procede que los ancianos oren y pidan discernimiento a Dios para poder entender el motivo de dicha situación y, entonces, proceder de manera pertinente.

Para terminar, sea cual sea nuestra posición, todos deberíamos aspirar a lo mismo que aspiró el apóstol Pablo en 1 Corintios 4.1–2: «Que *todo* hombre nos considere de esta manera: como servidores de Cristo y administradores de los misterios de Dios. Ahora bien, lo que se requiere además de los administradores es que *cada* uno sea hallado fiel». ¡Qué seamos fieles!

Capítulo 22

Las visitas a otras iglesias

Por Carlos Contreras

Frecuentemente procuro recordar que mi congregación no es la única iglesia en el mundo, sino solo una pequeña parte de la iglesia universal de Cristo Jesús. Desgraciadamente, a veces actuamos como si tuviéramos la completa expresión de la gracia de Dios. Y cuando pensamos en otras congregaciones, identificamos rápidamente sus deficiencias.

Los años en el ministerio y la oportunidad que Dios me ha dado de visitar tal vez un centenar de congregaciones diferentes me han permitido ver la multiforme gracia de Dios en su amada iglesia (1 Pedro 4.10). Aquí expongo algunos beneficios que encontramos al visitar otras iglesias para que te ayuden a sopesar la decisión de cuándo y cómo visitar otras congregaciones.

SER CONSCIENTES DE LA DIVERSIDAD

Visitar congregaciones diferentes me ha enseñado a caminar en humildad. No somos tan especiales como creemos. Lo que recibimos es por la gracia de Dios.

He conocido iglesias rústicas que se reúnen bajo un simple tejado de lámina. Cantan sus alabanzas a capela, se sientan en bancos de madera con niños inquietos en sus regazos, y escuchan la Palabra con un hambre y deseo que avergüenza a los que en la comodidad de sus instalaciones batallan para mantenerse despiertos.

También he visitado iglesias que me asombran con sus adelantos tecnológicos, su variedad de ministerios, la abundancia de dones y una extraordinaria creatividad. Me da la impresión que nada les falta. Pero me impacta recordar la generosidad de la gente que me ha hospedado, su fe sincera en Cristo Jesús, y el deseo de conocer cómo podrían ayudar a los hermanos en nuestra iglesia. En otras palabras, me doy cuenta de que lo principal no es el lugar, ni el conocimiento, ni la cantidad de dones, sino que he encontrado a Cristo en todo tipo de congregaciones que predican el evangelio.

La diversidad de la iglesia es impresionante. Algunos son más exuberantes en su adoración; otros más serios. Algunos enfatizan más el estudio, mientras otros apuntan más a la evangelización. Algunos son atrevidos en oración, otros son cuidadosos en la planificación. Muchos se identifican abiertamente como reformados y confesionales, otros no tanto. Cada iglesia sana tiene fortalezas y debilidades, pero en todas se ve la obra de Cristo. Y esto es fundamental para mantener una perspectiva correcta acerca de nuestra propia congregación.

Donde quiera que voy aprendo algo de mis hermanos. No sé por qué el Señor se place en dar a unos más que a otros, pero no hay iglesia verdadera que no haya recibido una medida de su gracia. Nos necesitamos unos a otros.

Al final, es Cristo mismo quien edifica su iglesia y Él da a cada miembro de su cuerpo conforme a la bondad de su propósito perfecto. Hay diferentes medidas de gracia (Efesios 4.7), y debemos aprender a identificar la evidencia de esa gracia en los demás en lugar de enfocarnos en sus faltas. El Señor sabe por qué a ellos no les ha dado lo que a nosotros. Pero si, como Bernabé al llegar a Antioquía, procuramos ver esas evidencias de la gracia, podremos gozarnos glorificando al Señor de la iglesia, y alentar a los hermanos para que permanezcan fieles a lo que han recibido (Hechos 11.21–24).

ENTENDER LAS ESFERAS DE INFLUENCIA

Es importante visitar otras congregaciones porque necesitamos identificar la esfera de influencia que el Señor ha designado a cada quien (2 Corintios 10.13). El apóstol Pablo procuraba mantenerse dentro del límite que Dios le había asignado (2 Corintios 10.12–18). Esto es admirable, ya que sabemos que su esfera era muy amplia.

Hay personas que se sienten con el derecho a juzgar y criticar a otras en esferas que no les corresponden. Las miden y comparan consigo mismos (2 Corintios 10.12), y terminan alabándose mientras critican a otros. Esto es evidencia de inmadurez y orgullo espiritual, y aún más, de no conocer cómo opera la gracia de Dios. Es muy atrevido juzgar a otros sin conocerlos, y sin primero tener la oportunidad de verificar la evidencia de la gracia de Dios en ellos. Debemos mostrar temor y humildad cuando miramos a otras congregaciones y ministerios. Unos tienen más que nosotros, y otros menos. Pero tengamos cuidado, no sea que al juzgarlos terminemos ofendiendo al Señor de toda gracia.

El otro peligro de la comparación es que podemos caer en la trampa de querer imitar o reproducir el fruto que vemos en otros lugares. No solo Dios designa esferas diferentes, sino que derrama su gracia en medidas diferentes (Romanos 12.3; Efesios 4.7). Olvidarnos de esto nos puede llevar a querer reproducir algo que no se nos ha dado a nosotros. Por ejemplo, todos podemos aprender y beneficiarnos de los grandes maestros que en la actualidad sirven al cuerpo de Cristo mundialmente, como lo son Piper, MacArthur, Keller o Washer. Pero debe ser obvio que, aunque muchos hemos sido llamados a predicar o enseñar a otros, no tenemos la misma medida de gracia que se les ha concedido a ellos.

Al ver en otras iglesias el avance, los logros y frutos, debemos ser prontos en acreditar todo eso a la gracia de nuestro Dios. Nuestra admiración y gratitud deben dirigirse al Dios que distribuye conforme a su voluntad y propósito. Podemos aprender en humildad a partir de lo que Dios ha hecho en otras iglesias, y volver a nuestras congregaciones para mejorar lo que Dios nos ha dado a nosotros. No se trata de imitar un modelo, sino de ser fieles al Señor y dueño de la cosecha.

CUIDAR NUESTRO PROPIO CORAZÓN

Cuando nos invitan a predicar en algún evento, naturalmente pensamos que es por nuestra capacidad como expositores. Tengamos cuidado. Deberíamos ser invitados debido a la fidelidad a la obra de Dios. No queramos enseñar a otros lo que no hemos enseñado a nuestras ovejas. Nuestras cartas de recomendación deben ser las vidas edificadas por la instrucción de la Palabra y el poder del Espíritu (2 Corintios 3.1–3). Eso toma tiempo. No es fácil, ni automático, ni se logra solamente con ser un buen expositor.

Conozco a un «pastor» que viaja a diferentes países de habla hispana predicando en iglesias locales y en conferencias. Pero hace años que abandonó el ministerio pastoral. No es un pastor. No tiene ovejas. Quizá sea un excelente expositor, pero si su enseñanza no está respaldada por una vida dedicada al servicio de las ovejas de Cristo, carece de la autoridad espiritual que viene por los frutos de un ministerio fiel.

Esa tentación se produce cuando uno es expuesto a los ministerios de grandes predicadores por internet. Una persona se ve a sí misma en una gran plataforma llena de aplausos. Es una tentación real que se siente al encontrar más aprecio en otros lugares que en nuestra propia congregación. Eso lleva a una actitud egocéntrica y quejumbrosa.

Para un joven pastor, mi consejo sería: procura con diligencia ser encontrado fiel en lo que se te ha encomendado; no menosprecies los comienzos

> No menosprecies los comienzos modestos.

modestos (Zacarías 4.10). Recuerda: si demuestras ser fiel en lo poco, el Señor te puede conceder ponerte sobre mucho (Mateo 25.21; Lucas 16.10). Nuestra ambición no debe ser llegar a ser un reconocido predicador. El único auditorio que debe importarnos es el de Aquel que está sentado en su trono y a quien daremos cuenta de lo que se nos ha dado. Y seremos juzgados por nuestra fidelidad en la edificación y el cuidado de las almas que se nos asignaron. Uno de los mayores privilegios que Dios puede conceder es llamar a un hombre a servir y cuidar por muchos años un pequeño rebaño de ovejas. Ese es un llamamiento supremo.

APRENDER DE LOS ERRORES AJENOS

Pablo le encarga a Timoteo que cuide de sí mismo y de la enseñanza (1 Timoteo 4.16). Recientemente conocí a un pastor de una congregación grande que me relató su triste historia. El pastor fundador de su iglesia cayó en inmoralidad e insistió en regresar al ministerio después de unos meses. Por supuesto, la mayoría de los miembros se fue. ¡Tengamos temor! No somos inmunes a caer así.

La iglesia de Jesucristo está conformada por todas las congregaciones locales alrededor del mundo. Busquemos colaborar con ellas y cumplir la misión como iglesia en el mundo. Debemos suponer que cada expresión local de la iglesia verdadera —por pequeña o grande, rica o pobre, capaz o limitada que sea— ha sido designada por Dios dentro de una esfera particular y como parte de su cuerpo universal, para contribuir a su propósito eterno.

> Un pastor nunca debe descuidar ni menospreciar lo más precioso que se le ha dado.

Dejemos de pensar solamente en nosotros mismos como iglesia local. Si tenemos oportunidad, sirvamos a otros y aprendamos de ellos. Sin embargo, un pastor nunca debe descuidar ni menospreciar lo más precioso que se le ha dado: el privilegio de servir a una parte del rebaño que nuestro Señor Jesucristo ha comprado con su sangre. Es a Él a quien hemos de dar cuenta.

Capítulo 23.

Cómo empezar a plantar iglesias

Por Justin Burkholder

Me encontré en medio de una reunión denominacional que me dejó bastante sorprendido. Era una de esas reuniones típicas a las que nadie quiere asistir, pero lo haces por temor a lo que podría suceder. Recuerdo que, después de leer un documento importante, pasaron media hora discutiendo cuál sería el mejor título para el documento. El centro del debate era la diferencia entre la palabra «memoria» y la palabra «reseña».

Cuando llegó mi tiempo para hablar y dar el taller que me correspondía, inicié con una pregunta muy sencilla: ¿Cuál es la misión de la iglesia?

Nadie respondió.

Cuando se trataba de discutir los matices entre la palabra «reseña» y «memoria», todos querían aportar. Cuando se trataba de explicar la razón de su existencia, nadie quiso decir nada. ¡Qué triste!

¿HACER DISCÍPULOS O BUENAS OBRAS?

Es trágico cuando la iglesia llega a perder su misión. Si no sabemos para qué existimos, llenaremos nuestras reuniones y nuestros edificios con actividades que quizá sean buenas, pero no cumplen nuestra misión. El resultado será que no veremos la importancia de plantar nuevas iglesias.

Te doy este ejemplo: en Guatemala, el país donde vivo, supuestamente hay más de cuarenta mil iglesias. Sería fácil concluir que ya hay suficientes, y que deberíamos empezar a desarrollar otras iniciativas que ayuden a combatir la pobreza o la violencia. Entonces, diría alguien, no deberíamos plantar iglesias. De hecho, hay gente que me ha dicho precisamente eso: «¡Ya hay suficientes iglesias!». Esta idea suena lógica, pero a veces no la filtramos por la Biblia.

En su libro, *Iglesia centrada*, Tim Keller dice: «Uno de los dichos de Martín Lutero fue que somos salvos por fe sola, pero no por una fe que permanece sola. Su punto radica en que la verdadera fe evangélica siempre y necesariamente lleva a las buenas obras, pero la salvación de ninguna manera se alcanza a través de las buenas obras o por razón de ellas».[1]

Por lo tanto, si creemos que plantar iglesias impedirá que se realicen buenas obras, no estamos entendiendo el rol de las buenas obras en la vida de la iglesia. Y si pensamos que hacer más obras sociales erradicará la pobreza y la violencia, no entendemos el rol del evangelio y la iglesia en la sociedad.

Si aplicamos un entendimiento correcto a la plantación de iglesias, todo cambia. Lo diré de manera sencilla: plantar una nueva iglesia es reunir una nueva comunidad de discípulos de Jesús en cierto vecindario, quienes están viviendo la vida que Jesús viviría, preocupados por las cosas que a Jesús le preocupan. En otras palabras, es una comunidad que vive para la gloria de Dios y el bien de su ciudad. Por lo tanto, es importante continuar la tarea de la plantación de iglesias.

Quisiera animarte a considerar los siguientes puntos con el afán de convencerte de que el plan de Dios siempre ha sido la multiplicación de su iglesia:

1. Era la estrategia de los apóstoles

En un mundo lleno de injusticia, necesidades, corrupción y dolor, los apóstoles se dedicaron a reunir comunidades locales de creyentes. Cuando recibieron la Gran Comisión podrían haber creado iniciativas sociales. Sin embargo, lo que hicieron fue plantar iglesias.

Vemos un ejemplo de esto en Hechos 13—14, cuando Pablo es enviado con Silas a llevar el evangelio a otros lugares. Ellos proclaman la Palabra, y en Hechos 14.21–23 leemos:

> Después de anunciar el evangelio a aquella ciudad y de hacer muchos discípulos, volvieron a Listra, a Iconio y a Antioquía, fortaleciendo los ánimos (las almas) de los discípulos, exhortándolos a que perseveraran en la fe, y diciendo: «Es necesario que a través de muchas tribulaciones entremos en el reino de Dios». Después que les designaron ancianos en cada iglesia, habiendo orado con ayunos, los encomendaron al Señor en quien habían creído.

El método por el cual los apóstoles llevaron a cabo la misión que Dios les dio fue por medio de la plantación de iglesias.

2. *Las iglesias están en el centro del plan de Dios*

La iglesia es central en el plan redentor de Dios. En donde sea que haya una expresión de la iglesia, sabemos que a Dios le agrada.

Efesios 5.25 dice que Cristo dio su vida por la iglesia, y por cuanto la compró y limpió, Él es nombrado la cabeza de ella (Colosenses 1.18). En 1 Pedro 2.9 leemos que la iglesia es una nación santa, un pueblo adquirido que existe para anunciar las virtudes de Cristo.

Esto significa que a Dios le agrada cuando se establecen nuevas comunidades locales, ya que allí hay más personas que son parte de esta nación santa y este pueblo adquirido que está proclamando las excelencias de Cristo.

3. *Plantar iglesias mantiene nuestro enfoque en la misión*

Hay un elemento que amenaza a toda iglesia: perder el enfoque en la misión de la iglesia. Cuando hay una visión correcta de la multiplicación, se hace difícil perder la misión. De hecho, nuestra misión es la multiplicación de discípulos, y como resultado la multiplicación de comunidades de discípulos.

Cuando consideramos que la plantación de iglesias es parte esencial de cómo cumplimos la misión de hacer discípulos, la misma iglesia madre (es decir, la iglesia que está plantando) será retada a perseguir esa misión.

Esto también expone la enorme necesidad de desarrollar más líderes que puedan servir. Vemos que Pablo le da la siguiente tarea a Timoteo: «Y lo que has oído de mí en la presencia de muchos testigos, eso encarga (confía) a hombres fieles que sean capaces de enseñar también a otros» (2 Timoteo 2.2).

Para que podamos ver una verdadera multiplicación de discípulos e iglesias tendremos que desarrollar líderes. En ese sentido, la misión de hacer discípulos va de la mano con el desarrollo de líderes y la plantación de iglesias.

4. *Plantar iglesias es una actividad local*

La plantación de iglesias lleva el evangelio y la comunidad de fe a un contexto en particular. En el mundo hispano hallamos enormes diferencias entre comunidades que están cerca las unas de las otras. Puede aun haber diferencias de una calle a la siguiente.

Hay comunidades con mucha pobreza, violencia y corrupción. Si allí hay iglesias, la pregunta es: ¿qué están haciendo al respecto? Obviamente, la comunidad de discípulos debería ir creciendo en generosidad, en protección al vulnerable, y en su propia honestidad e integridad. A medida que la iglesia cumple con su misión y ve a más personas convirtiéndose en discípulos de Jesús, el resultado será una transformación de la comunidad.

Solo con la plantación de nuevas iglesias logramos cumplir nuestra misión de hacer discípulos, y también de ver un cambio verdadero en nuestras ciudades y comunidades. Creer que las iglesias no impactan a la sociedad es darles excusas a los cristianos para no hacer lo que les corresponde hacer.

¿CÓMO LO HAGO?

Es una buena pregunta, particularmente para un nuevo pastor. He aquí algunos consejos:

1. *Ora y no dejes de orar*

¡No corras en este proceso! Con el afán de multiplicarse o cumplir la misión, muchos pastores jóvenes empujan a iglesias ya establecidas a multiplicarse más rápido de lo que la iglesia puede, o aun más rápido de lo que el Espíritu se está moviendo.

> Creer que las iglesias no impactan a la sociedad es darles excusas a los cristianos para no hacer lo que les corresponde hacer.

Es imperativo reconocer que el Espíritu Santo está más preocupado con la multiplicación de la iglesia que nosotros, y por tanto podemos orar y confiar en que Él lo hará en el momento adecuado. En todo el libro de Hechos es el Espíritu quien obra a través de la multiplicación de la Palabra y el nacimiento de nuevas comunidades. Pablo y los apóstoles son, sencillamente, las herramientas que el Espíritu usa.

Debemos orar para que el Señor levante obreros, que el Espíritu haga la proclamación del evangelio eficaz, que el Espíritu regenere, que el Espíritu empodere a los nuevos creyentes y les dé unidad. El Espíritu realmente se encarga de todo el proceso de plantación de nuevas iglesias, y por eso nosotros nos sujetamos a Él y le pedimos que nos guíe y dirija.

Dediquemos tiempo a orar por nuestra ciudad, por la gente que no conoce el evangelio, por los sectores más necesitados y por la expansión del evangelio. Al orar, pongámonos a la disposición del Espíritu para que nos use, de la manera que Él quiera, en su obra redentora.

2. *Vive la misión*

Muchos quieren que la iglesia a la que asisten retome la misión. Lo más fácil es crear estructuras y programas que animen a la iglesia a ser «más misional». En realidad, tenemos que entender que la misión empieza contigo, pastor.

Esto suele pasar: al concluir que pocos hermanos están involucrados en la misión de la iglesia, programamos un entrenamiento o buscamos un programa que pueda ayudar a la iglesia a compartir su fe. Planificamos un evento evangelístico, o vamos puerta a puerta evangelizando.

Aunque estas iniciativas no son malas, no crean la cultura evangelística que buscamos como pastores. En su libro, *Evangelism [La Evangelización]*, Mack Stiles dice lo siguiente:

> Una dieta estricta de programas evangelísticos produce una evangelización malnutrida. De la misma manera que comer azúcar nos puede hacer sentir como si hubiésemos comido (cuando no lo hemos hecho), los programas nos pueden hacer sentir que hemos evangelizado, cuando no ha sido así. Por tanto, deberíamos tener una inquietud sana con los programas. Deberíamos usarlos estratégicamente, pero con moderación, recordando que Dios no envió un evento, sino que envió a su Hijo.[2]

La verdad es que deberías primero vivir de manera misional antes de programar o planificar cómo entrenar a la iglesia. La misión de la iglesia se inicia con líderes que modelan y siguen aprendiendo.

Como pastores, tenemos que evaluar si hacemos las cosas que enseñamos. La forma en que vivimos demuestra si creemos lo que hablamos. Un pastor que, por ejemplo, habla de hacer discípulos sin hacer discípulos, en realidad da a entender que esa tarea no es importante o que no cree en su relevancia. Este tipo de liderazgo resultará en mucha palabra, pero en poca acción.

3. *Desarrolla líderes*

Además de hacer discípulos, es esencial que como pastor pases tiempo con personas que están demostrando madurez en la vida cristiana y anhelo por usar sus dones.

Este tiempo no puede ser al azar, sino que deberías seguir precisamente el consejo de Pablo en 2 Timoteo 2.2. Es un tiempo intencional para entregar a otros lo que se nos ha encomendado. Queremos capacitar a otros para manejar la Palabra de Dios y aplicarla a la vida de manera precisa y eficaz.

Te animaría a elegir a uno o dos hombres de la congregación que pastoreas, y empezar a reunirte con ellos. Busca algún libro que los pueda capacitar en temas básicos de la fe. Recomiendo *La vida centrada en el evangelio* de Will Walker, o *Dios pródigo* de Tim Keller.

A medida que te reúnas con ellos, puedes ampliar las lecturas. Ellos deben leer ampliamente en cuanto a la iglesia, la misión de la iglesia, la centralidad del evangelio y la doctrina en general.

4. *Envía bien*

Enviar bien significa apoyar la visión de una nueva iglesia que se plantará, pero sin recibir beneficio propio. Muchas iglesias plantan iglesias, pero estas nuevas plantaciones simplemente representan un ingreso adicional, o más plataforma para el pastor o la «marca».

El propósito de la misión de Jesucristo es que su nombre sea exaltado. Te animo a ser generoso con los recursos y los miembros de la iglesia donde sirves con el fin de ver nacer nuevas iglesias.

Cuando ya es claro que el Espíritu ha levantado y preparado líderes a fin de llevar a un grupo de personas a otro sector para allí proclamar el evangelio y reunir una nueva iglesia, considera cómo puedes apoyar lo que hacen y no beneficiarte de ello. La multiplicación es el mayor beneficio.

CONCLUSIÓN

Todos queremos ser de bendición e impacto en nuestra sociedad. La pregunta que todos hacen es: ¿cómo? Los seguidores de Jesús tienen la respuesta. Primero que todo, el evangelio de Jesucristo cambia los corazones radicalmente; de ser egocéntricos a querer honrar a Dios y amar al prójimo.

Mientras más discípulos hagamos, más impacto habrá en nuestra sociedad. Cuando reunimos a esos discípulos en nuevas iglesias, multiplicamos la proclamación del evangelio y el impacto a nuestro alrededor.

A final de todo, cuando seguimos la metodología que Dios nos ha dejado, la de hacer discípulos y reunirlos en comunidades locales, Él se lleva toda la gloria. Su iglesia se expande, y con ella su nombre y su prestigio entre las naciones.

Capítulo 24.

Piensa en el fin de tu ministerio

Por Juan R. Sánchez

¿Cómo se verán tu vida y ministerio al final de tus días, cuando tu ministerio se haya «cumplido»? Sé que si estás leyendo este libro es probable que estés comenzando tu ministerio, pero quiero que pienses sobre cómo esperas que el mismo se vea al final de tu vida. Cuando todo concluya y «cumplas» tu ministerio, ¿qué habrás logrado? ¿Qué palabras habrás dicho? ¿Qué legado habrás dejado? ¿A quién dejarás a cargo? ¿Quién estará a tu lado? ¿Qué es lo que más te preocupará? ¿Dónde descansará tu confianza?

La segunda carta a Timoteo es la última epístola del apóstol Pablo. Él la escribe sabiendo que ha llegado al final de su vida y ministerio. Pablo ha cumplido su ministerio (4.6–8) y quiere que Timoteo cumpla el suyo (4.5): predicar la Palabra, no avergonzarse y soportar el sufrimiento. Al detallar el final de la vida y el ministerio de Pablo, vemos que para cumplir nuestro ministerio debemos entender cuáles son nuestras necesidades, qué debe preocuparnos y dónde descansa nuestra confianza. Al comenzar tu ministerio, ¿cuál es tu mayor necesidad? ¿Cuál es tu preocupación primaria? ¿Dónde descansa tu confianza?

UNA NECESIDAD IGNORADA

Pablo tenía diversas necesidades al final de su vida. Sentado en una fría prisión, con el invierno acercándose, necesitaba su capa (4.13). En el ministerio pastoral es fácil olvidar que tenemos necesidades físicas. Después de todo, somos personas enteras: cuerpo y espíritu. Cuando descuidamos nuestras necesidades físicas, negamos el hecho de que somos llamados a glorificar a Dios con todo nuestro cuerpo (1 Corintios 6.20). A lo largo de la historia, los cristianos han enterrado a los muertos, en vez de quemarlos, porque creemos en la resurrección del cuerpo. Aun así, hoy en día muchos pastores niegan funcionalmente la resurrección corporal al descuidar su propio cuerpo. Si hemos de cumplir nuestro ministerio, entonces debemos cuidar nuestros cuerpos, descansando suficientemente y teniendo una dieta saludable. Hermanos, no descuiden sus necesidades físicas y corporales.

UNA NECESIDAD MAYOR

La mayor necesidad de Pablo al final de su vida y ministerio no es física; es relacional. Él anhelaba las relaciones enraizadas en el evangelio que había construido a lo largo de su ministerio. Nota cómo le pide tres veces a Timoteo que venga a verlo (4.9, 13 y 21). De hecho, Pablo comienza su última carta dejándole saber a Timoteo que lo echa de menos: «Deseando verte, al acordarme de tus lágrimas, para llenarme de alegría» (1.4). A lo largo de su vida y ministerio, Pablo había hecho muchos amigos en el evangelio. Al final de su vida y ministerio, Pablo desea tener a Timoteo, su hijo en la fe, a su lado. Otros se habían ido a ministrar en otros lugares (4.10). Solo Lucas permanecía con él en este tiempo (4.10).

Por supuesto, Pablo también sabía lo que era sentirse abandonado por aquellos que se hacían llamar sus amigos. Él ya le había dicho a Timoteo que todos «sus amigos» que estaban en Asia lo habían abandonado, incluyendo a Figelo y Hermógenes (1.15). Y ahora Demas, amando a este mundo, también había desertado (4.10). Asimismo, en su primera defensa, muchos lo habían abandonado (4.16). Esta es una pena que todos experimentaremos en el ministerio: la realidad de la deserción y el abandono de nuestros supuestos amigos en el evangelio. Al buscar cumplir tu ministerio, algunas de las personas que más te herirán serán aquellas que eran más cercanas a ti.

Sin embargo, nota cómo Pablo responde. En vez de responder con enojo pecaminoso o amargura, él dice: «Que no se les tenga en cuenta» (4.16). Esa es una lección importante. Si hemos de cumplir con nuestro ministerio, necesitamos pieles duras y corazones tiernos. Cuando vengan ataques o acusaciones, cuando experimentemos deserciones o abandonos, necesitamos tener una piel dura, difícil de penetrar, sin devolver mal por mal. Al contrario, debemos responder con un corazón tierno. Después de todo, nunca sabes si el Señor restaurará a aquellos amigos con quienes tuviste conflicto. Vemos esta gracia hermosa en la misma vida de Pablo, ¿no es así? Al final de su vida y ministerio, Pablo pregunta por Juan Marcos (4.11). ¿Recuerdas a Juan Marcos? Él es aquel que causó fuertes desacuerdos entre Pablo y Bernabé debido a dudas sobre su utilidad en el ministerio (Hechos 15.36–40). Aun así, al final de su vida y ministerio, es la misma persona a la que Pablo le pide a Timoteo traer porque le es útil en su tarea.

Mi punto es sencillo. Al final de su vida y ministerio, mientras que Pablo tenía muchos amigos en el evangelio (4.19–21), su mayor necesidad era tener compañerismo con aquellos cercanos a él en el evangelio. Al empezar tu ministerio y mientras piensas cómo quieres terminar la carrera, ¿quién estará a tu lado en ese momento? ¿A quién desearás tener a tu lado? Si hemos de cumplir nuestro ministerio, necesitamos amistades ancladas profundamente en el evangelio. Por la gracia de Dios, yo tengo amigos a quienes puedo llamar cuando enfrento dificultades en la vida y el ministerio. ¿Tienes tú hermanos así? Si no es así, cultiva esas relaciones ahora. Encuentra hermanos en tu ciudad con los que puedas verte para orar. Reúnanse frecuentemente. Anímense unos a otros. Pero, en especial, busca cultivar amistades ancladas en el evangelio entre los pastores (ancianos) de tu propia iglesia. Algunas de las relaciones más significativas que el Señor me ha dado son aquellas formadas entre los mismos ancianos de mi iglesia.

NUESTRA PREOCUPACIÓN PRIMARIA

Por supuesto, al final de su vida y ministerio, Pablo no solo pensaba en sí mismo, viviendo en autocompasión. Al final de su vida y ministerio, la preocupación central de Pablo seguía siendo la continuación del ministerio del evangelio. Por eso quería a Juan Marcos (4.11). A Pablo le preocupaba que el ministerio del evangelio continuara a través de otros (4.12). Observa cómo al final de su vida, él dirige a otros, orquestando un ministerio fiel en los lugares donde todavía tenía influencia (4.10, 12). Recuerda, Pablo está en prisión. Y, aun así, su mayor preocupación no es salir de prisión, sino que el evangelio continúe esparciéndose.

A Pablo también le preocupaba su propio crecimiento en este evangelio (4.13). En otras palabras, al final de su vida y ministerio, él sigue haciendo lo que le urgía hacer a Timoteo: crecer en las palabras de Dios que nos hacen sabios para salvación (3.14–17). Al final de su vida y ministerio, Pablo todavía busca ser un hombre de Dios que sea un obrero aprobado en el ministerio del evangelio (2.15–18). Es por eso que le pide a Timoteo que le traiga los libros y los pergaminos (4.13). Pablo entiende que la necesidad de crecer en la gracia y el conocimiento de Jesucristo nunca termina. Hermanos, si hemos de cumplir con nuestro ministerio, debemos darnos cuenta de que siempre necesitaremos leer y estudiar las Escrituras. Necesitamos continuar aprendiendo, ser corregidos, ser entrenados en justicia. Entonces, establece ahora un plan de lectura bíblica regular y estudia la Escritura. Prioriza tus devocionales privados y personales.

A Pablo le preocupa tanto que el ministerio del evangelio continúe que advierte a Timoteo sobre los oponentes del evangelio (4.14–15). En otras palabras, Pablo quiere asegurarse de que después de haberse ido, el evangelio continúe esparciéndose, y quiere equipar a Timoteo a fin de que esté preparado para la oposición. Al empezar tu ministerio, comienza a pensar en hermanos piadosos y fieles a quienes confíes el evangelio para que ellos también entrenen a otros (2.1–2) y de esta forma el ministerio del evangelio continúe. Esa debe ser tu preocupación primaria al empezar tu ministerio. Después de todo, no sabes cuánto tiempo el Señor te dará colaborando en su obra. Entonces, capacita a otros desde ahora.

NUESTRA MAYOR CONFIANZA

Aun así, nuestra confianza para cumplir el ministerio no descansa en nosotros. Si hemos de cumplir nuestro ministerio, entonces la mayor confianza debe descansar en el Señor Jesucristo. Verás, cuando otros nos abandonan, es el Señor quien está a nuestro lado. Eso es lo que Pablo experimentó (4.16–17). Pablo tenía un llamado particular a descubrir el plan de Dios para la salvación: llevar el evangelio a los gentiles. Él fue fiel a ese llamado, pero su confianza no estaba en sí mismo, sino en Jesucristo.

Mientras que otros, como Alejandro, se oponían a él y le hacían mucho daño, fue el Señor quien rescató a Pablo. El Señor había librado a Pablo de la «boca» de las autoridades gubernamentales, de «la boca del león» (4.17), y de todo mal en su contra (18; también 3.11). Si hemos de cumplir nuestro ministerio, necesitamos entender que, en la cultura de hoy, será cada vez más difícil ser pastor. Pero también necesitamos entender que las puertas del Hades no prevalecerán en contra de la iglesia de Jesús. Jesús edificará su iglesia, y el evangelio avanzará, ya sea a través de nosotros o por medio de otros. Al final de cuentas, como Pablo, necesitamos confiar en que Jesús nos salvará de este mundo maligno (4.18) cuando nos lleve a su presencia. Es Jesús quien restaurará todas las cosas; es Jesús quien regresará y reinará en el reino eterno en la nueva tierra; es Jesús quien hará todas las cosas nuevas. Ni nuestros «fracasos» ni «éxitos» cambiarán el plan eterno de Dios en Jesucristo. Somos participantes privilegiados en ese plan eterno al proclamar a Jesús como el Rey resucitado y exaltado sobre todas las cosas. Él es nuestra esperanza, y nuestra confianza debe descansar en Él.

Entonces, verás, es el Señor Jesucristo a quien necesitamos al principio, en el medio y al final de nuestro ministerio (4.22). Hermano, ¿dónde descansa tu confianza? No permitas que sea en tus propios dones, habilidades, creatividad o inteligencia. No permitas que sea en tu propio éxito, fama, invitaciones a conferencias u oportunidades de liderazgo. Deja que tu confianza descanse en el Señor Jesucristo. Solo Él debe recibir toda la gloria (4.18).

> Ni nuestros «fracasos» ni «éxitos» cambiarán el plan eterno de Dios.

CONCLUSIÓN

Al prepararte para empezar tu ministerio, piensa en cómo quieres que termine. Empieza tu ministerio con el fin en mente. ¿Quién estará ahí contigo al final? ¿Cuál es tu mayor preocupación? ¿Dónde se apoya tu confianza? Si hemos de cumplir nuestro ministerio, entonces construyamos amistades profundas, duraderas y centradas en el evangelio con hermanos que podamos llamar en cualquier momento y que estarán con nosotros en las buenas y en las malas. Dejemos un legado evangélico que continúe más allá de nuestro ministerio al entrenar a otros, quienes, a su vez, entrenarán a otros también. Y pongamos nuestra confianza en Jesucristo nuestro Señor, no en nosotros mismos, nuestro ministerio o cualquier otra cosa. La gracia sea con todos nosotros (4.22).

Capítulo 25

Palabras de aliento para pastores cansados

Por Hanibal Rodríguez

Si pudiera decir en pocas palabras cuál ha sido mi experiencia como pastor, creo que lo podría resumir así: muchos de los mejores y peores momentos de mi vida los he experimentado desde que el Señor me llamó a pastorear.

Mejores, porque he podido ver la mano del Señor desde la primera fila. He podido ver el poder del evangelio transformando al «peor» de los pecadores. He podido experimentar el amor de Dios por medio de una congregación que me ama. He tenido la bendición de ver a mi familia encontrando gozo al servir al Señor.

No obstante, hay otras veces —muchas más de las que quisiera recordar— cuando he experimentado la desilusión de ver alejarse del Señor a gente que tanto he amado. He visto en primera fila el engaño de Satanás operando en familias enteras. He sido acusado, juzgado y rechazado por convicciones bíblicas.

El llamado pastoral es sumamente hermoso, pero a la vez sumamente difícil.

¿Valdrá la pena todo lo que hago? ¿Por qué el Señor me ha llamado a esto? ¿No habrá algo «mejor» que hacer? Estas preguntas siempre aparecen en esos momentos de dificultad, dolor y lucha. Si somos honestos, todo pastor se pregunta estas cosas en diversos momentos.

Pero como es de esperarse, el Espíritu Santo una y otra vez susurra a mi corazón la importancia y necesidad de mi llamado. Si tú eres pastor y te encuentras cansado, permíteme compartirte cuatro razones de por qué debes «seguir en la carrera hasta llegar a la meta»:

1. TÚ HAS SIDO LLAMADO

Así como nosotros escogimos a Dios porque Él nos escogió primero, también nuestra vocación nos fue dada antes de que la buscáramos.

«Y El dio a algunos *el ser* apóstoles, a otros profetas, a otros evangelistas, a otros pastores y maestros» (Efesios 4.11).

Si esto es verdad (y lo es), entonces lo más natural es preguntarnos: si el Señor me ha llamado a esto, ¿no es fiel para darme lo necesario a fin de perseverar? ¿Hay algo que demande de mí que Él mismo no vaya a proveer? (1 Corintios 10.13)

Quizá esta es la razón por la que David Hanzen, en su clásico libro *The Art of Pastoring* [El arte del pastoreo], escribió: «Dios escoge gente para ser pastores y los convierte en pastores de acuerdo a su plan [...] Fui creado por Él para ser pastor, ese es mi llamado [...] y después de conocer al Señor Jesús como mi Señor y Salvador, el ser pastor es mi más valiosa posesión».[1]

2. TU LLAMADO ES UN PRIVILEGIO

Tienes el privilegio de proclamar y enseñar una y otra vez las bellas profundidades de la Escritura. Has sido escogido para ser vocero, consejero y maestro. Escucha la voz de Dios que te dice: «Predica la palabra. Insiste a tiempo y fuera de tiempo. Amonesta, reprende, exhorta con mucha (toda) paciencia e instrucción» (2 Timoteo 4.2).

Recuerda que tú tienes el privilegio de alimentar a sus ovejas. Tu llamado no es a ser relevante... por lo menos no como la cultura moderna lo define, pues la Escritura siempre es relevante. Tampoco es a entretener; para eso hay circos. Tu llamado es a alimentar bien. ¿Qué mayor privilegio que ese?

Mira cómo el famoso predicador escocés William Still hablaba de este tema en su libro *The Work of the Pastor* [El trabajo del pastor]: «El pastor, por definición, es un pastor que alimenta. Él es subpastor del rebaño de Dios. Su tarea principal es alimentar al rebaño guiándolo hacia pastos verdes [...] El pastor está llamado a alimentar a las ovejas, incluso si las ovejas no quieren ser alimentadas».[2]

> Tu llamado es a alimentar bien.

¿Alcanzas a entender lo que el Señor ha hecho contigo? En la iglesia en la que sirvo, cuando alguien quiere colaborar en el ministerio de niños, se le pide a la persona que llene una rigurosa solicitud, donde se encuentran preguntas de toda clase: trasfondo, historia y experiencia. Además pedimos referencias. Una de las preguntas que nos hacemos es la siguiente: ¿Dejarías tú a tus hijos con esta persona? Si no estamos dispuestos a dejar a nuestros hijos con esa persona, no hay ninguna razón para dejarla con los niños de la iglesia.

En su infinita sabiduría, el Señor pone en nuestras manos a sus hijos. Como pastor, tengo una responsabilidad frente a Él y su pueblo de alimentarlos lo mejor que pueda. ¡Qué privilegio tan grande!

También tienes el privilegio de ser un modelo de entrega, fe, carácter y amor. El autor de Hebreos escribe: «Acuérdense de sus guías que les hablaron la palabra de Dios, y considerando el resultado de su conducta, imiten su fe [...] Obedezcan a sus pastores (guías) y sujétense *a ellos*, porque ellos velan por sus almas, como quienes han de dar cuenta» (Hebreos 13.7,17).

Estos pasajes me hacen temblar cada vez que los leo. Hay muchos pastores que se enfocan en las palabras «acuérdense», «obedezcan» y «sujétense». Yo me enfoco en «considerando», «conducta», «imiten su fe», «velan», y «dar cuentas». Estas palabras me recuerdan la increíble responsabilidad que tengo. El Señor no solo me da el privilegio de predicar y enseñar, sino también el de modelar.

Hay una frase que le escuché decir a alguien y nunca he olvidado: «Si un líder no está dispuesto a decir lo que Pablo dijo: "Imítenme a mí, como yo a Cristo", entonces no debería ser líder». Así mismo, un amigo veterano en el ministerio una vez me dijo: «La gente no sigue solo ideas, la gente sigue gente». Hay mucha sabiduría en eso. Pienso que es verdad. Daremos cuentas de lo que enseñamos y modelamos. ¿No te parece que el pastoreo es un privilegio increíble?

3. TU LLAMADO ES A CONFIAR

Probablemente has experimentado la desilusión de sentir que no has hecho o dicho lo suficiente. Esto se aplica a la predicación y a todas las áreas pastorales. Sin embargo, lo que me ha mantenido hasta hoy, especialmente en esos momentos difíciles, es la convicción de que si he sido fiel al exponer, enseñar y aplicar la Palabra, ella nunca vuelve vacía (Hebreos 4.11–13). William Still lo diría así: «Nunca predico sin creer que se hará algo que durará por la eternidad».[3]

Podemos descansar en eso. El Señor está más interesado en su rebaño que nosotros mismos. Pablo me es de inspiración. Él era un hombre con plena confianza en la «necedad de la predicación» (1 Corintios 1.21). No se dejó dominar por sus deseos, ni por sus luchas, ni por sus miedos, y mucho menos por temor al hombre (1 Corintios 9.19–23; 2 Corintios 7.5). ¡Estamos llamados a confiar!

> Si he sido fiel al exponer, enseñar y aplicar la Palabra, ella nunca vuelve vacía.

4. TU LLAMADO ES POR GRACIA

¿Qué tienes tú que no se te haya dado? ¿No es tu llamado una evidencia de la gracia? Y si es por gracia, ¿hay algo que puedas perder? ¿Hay algo que puedas ganar? ¿No está todo seguro en Cristo? Puedes descansar en eso.

No obstante, cuando olvido esa gracia, mi corazón se rebela. Siento que no puedo llevar las cargas de los demás, ¡cuando ese no es mi rol! Mi rol es apuntar a Aquel que sí las puede llevar.

Cuando siento que no puedo más, he caído en el engaño de la actividad compulsiva.

En su libro *Working the Angles* [Trabajando los ángulos], Eugene Peterson señala: «Los pastores están especialmente en peligro a causa del activismo compulsivo, tanto cultural como eclesiástico, en el que estamos inmersos simplemente por estar vivos en este momento de la historia. Se necesita una vigilancia cuidadosa y persistente para evitar caer en la trampa activista».

Es por eso que el mismo autor nos llama a cultivar vidas de oración, lectura y dirección espiritual, para evitar caer en la trampa del activismo. Yo le llamaría a esto «evidencias de gracia pastoral».

Peterson continúa:

«Estos tres actos pastorales son tan básicos, tan críticos, que determinan la forma de todo lo demás [...] En el clamoroso mundo pastoral nadie nos llama a participar en estos actos [...] Estas tres áreas constituyen actos de atención: la oración es un acto en el que traigo mi atención delante de Dios, leer la Escritura es un acto de atender a Dios en su discurso y acción a lo largo de la historia, y la dirección espiritual es un acto de atención a lo que Dios está haciendo en su pueblo».[4]

Mi hermano, tú no simplemente pastoreas. Tú eres pastor. No se trata de hacer. Se trata de ser. Tienes un llamado, y es un privilegio. Aprende a confiar, y recuerda que todo es por gracia.

«Estoy convencido precisamente de esto: que el que comenzó en ustedes la buena obra, la perfeccionará hasta el día de Cristo Jesús» (Filipenses 1.6).

Capítulo 26

Por qué amo a los pastores

Jairo Namnún

Al momento de escribir esto, tengo más de veinte años asistiendo a una iglesia cada domingo, y más de dieciocho siendo cristiano. En ese tiempo, he sido miembro de tres congregaciones, y he sido pastoreado en miles de oportunidades. A veces, me he dejado pastorear. Otras veces, me he resistido. En todas las ocasiones, Dios ha usado a sus siervos, los pastores, para moldear mi vida a la semejanza de Cristo. Por esta razón queremos terminar este libro con un mensaje de ánimo a ustedes, pastores, en su labor. Aquí hablo como una oveja, representando los cientos de miles de ovejas que van a ser bendecidas por sus ministerios.

AMO A LOS PASTORES POR LO QUE DICEN

El 2008 fue un año clave para mí. Recién había terminado mis estudios universitarios, estaba pronto a casarme, y tenía varias decisiones que representaban un peso incalculable para mí. Con tan solo veinte años, y me sentía sobrecogido.

En ese momento, uno de mis pastores respondió a mi llamado. A pesar de ser bivocacional, sacó una o dos horas por varias semanas para escuchar mis dudas y animarme en el camino correcto. Recuerdo cómo yo estaba atento a cada palabra que me decía, y poco a poco toda la neblina que tenía delante se fue despejando. Las palabras de ese pastor en aquel momento me llevaron en el sendero que dio forma a lo que mi vida es hoy. De hecho, de no ser por las palabras de aquel pastor en esas reuniones, este libro no estaría en tus manos.

Para toda oveja, pocas palabras tienen tanta fuerza e importancia como las palabras de su pastor. Nosotros acudimos a nuestros pastores para saber qué piensan acerca de la vida, y qué piensan acerca de nuestra vida. Si tenemos una dificultad con algún familiar, vamos donde nuestro pastor para que nos diga qué podemos hacer. Si algo no funciona en nuestro matrimonio, buscamos a nuestro líder espiritual y hasta creemos en su opinión por encima de la propia. Aun más importante, semana tras semana las ovejas vamos donde nuestros pastores a que nos digan qué tiene Dios para nosotros en la medida que exponen la Biblia.

Hay una frase muy conocida para los autores y editores, que en sus diferentes variaciones dice algo como: «Escribir es fácil. Solo te sientas frente al teclado y sangras». Todo escritor sabe que eso es cierto, pero luego de haber predicado unos cuantos sermones, encuentro que hallar las palabras adecuadas para predicar no es tan solo sangrar en el cuerpo: es también sangrar en nuestras almas.

Semana tras semana, ustedes se sientan frente a un texto bíblico y encuentran su significado, su sentir, y luego lo apropian y lo transmiten a la iglesia... para que muchas ovejas estemos distraídas, o no pongamos en práctica lo que escuchamos. O tal vez las ovejas estemos atentas, pero tú como pastor sientes que no pudiste honrar el Texto como se debía, que tu cuerpo no se sentía en su mejor momento, que tu mente no estaba tan lúcida como querías. Y entonces pasa el domingo y ya el lunes tienes que volver otra vez. A sentarte delante del teclado y sangrar.

¡Gracias por hacerlo!

Un amigo me dijo una vez que la mayoría de los sermones son como la mayoría de nuestras comidas: no recordamos exactamente qué comimos, pero nuestro cuerpo es alimentado y nutrido por cada plato. De manera similar, yo no recuerdo la gran mayoría de los sermones que he escuchado, pero sé que mi alma ha sido alimentada y nutrida por ellos. Que mi caminar con Dios sería tanto peor de no ser por haber estado ahí ese domingo. Así que, amado pastor, no te desanimes en tu labor de decir las palabras de Dios, porque aunque no siempre se sienta así, estás alimentando a las ovejas del Señor (Juan 21.15–17).

Además de tu labor dominical, quiero agradecerte y animarte en tu labor diaria en la consejería y el compañerismo cristiano. Ya mencioné antes cuánto significó para mí un tiempo particular de consejería, y como yo, somos cientos de miles de ovejas con vidas transformadas por una palabra pastoral conforme a la Escritura. Además, no puedo explicarte cuánto ha significado para mí una palabra de ánimo dicha a su tiempo. En conversaciones informales he aprendido de las cosas más importantes que he necesitado en la vida cristiana.

Por supuesto, y como todo lo bueno, esto puede ser abusado. Abundan los casos de abuso espiritual, donde algunos mal llamados pastores se enseñorean de sus congregaciones, dictando cada detalle de sus vidas y usando el púlpito como un látigo para lastimar a los feligreses que no parecieran estar escuchando sus palabras. Pero, con el favor de Dios, amado pastor, ese no es tu caso. Y, si buscas serle fiel, nunca lo será. Tus palabras son palabras de aliento y ánimo, aun cuando involucren corrección y reprensión. Y por eso, quiero expresarte mi afecto y amor.

AMO A LOS PASTORES POR LO QUE HACEN

En diciembre de 2017, a días de haber regresado de un viaje agotador de más de dos semanas, mi esposa y yo quisimos apoyar a una iglesia hermana en su concierto anual de Navidad. Al llegar, no encontrábamos estacionamiento, por lo que decidí dejar a mi esposa con los niños en la puerta e ir a buscar dónde estacionarnos. Unos diez minutos después un amigo me llama y me dice que mi esposa se había caído y tenía mucho dolor. Puedes imaginarte todo lo que pasó por mi mente.

Decir que el lugar estaba repleto es un eufemismo. Por la gran cantidad de personas, me tomó más de quince minutos poder caminar los doscientos metros entre la gente para llegar hasta donde estaba mi esposa. Resulta que se había caído cargando a uno de los niños y se había torcido ambos tobillos, pero siguió caminando para poder poner al niño a salvo. Yo de inmediato la cargué en mis brazos y corrí (tanto como se puede con ciento treinta libras en brazos y miles de personas alrededor) hasta una ambulancia que estaba a unos trescientos metros.

Dos cosas pasaron esa noche que me recordaron el valor tan especial de los pastores. Primero, uno de mis pastores es también doctor en medicina. Cuando Patricia se cayó, de inmediato lo llamé y para mi dicha él estaba también en el concierto. Así que le informé que iba a llevarla a la ambulancia, y fue de inmediato a verla. Lo que no sabía era que a él le tocaba el mensaje central esa noche. Pero como buen pastor, estuvo dispuesto a ir a toda velocidad hasta donde nos encontrábamos nosotros, sus ovejas, para ocuparse de algo que no era de vida o muerte. Gracias a Dios, le dio tiempo a atendernos, enviarnos al hospital, y luego predicar a los miles que allí se dieron cita.

En menos de una hora estábamos en el hospital, y mientras a mi esposa le tomaban los rayos X, recibí una llamada en mi teléfono. Otro pastor, esta vez el de la iglesia que había organizado el concierto, se había enterado de que mi esposa se había caído, y había llamado para saber cómo estábamos y orar por nosotros. Él acababa de organizar un evento exitoso, donde el evangelio fue predicado a cientos o miles de inconversos, y a minutos de terminar, se enteró de una oveja de una iglesia hermana que estaba en necesidad, y nos llamó para ver cómo nos encontrábamos. Y si no fuera suficiente, al otro día temprano en la mañana él estaba en mi casa visitándonos personalmente y orando por nosotros.

Yo sé que esta no es una situación de vida o muerte. Pero para nosotros, así se sentía. También sé que no es una historia muy conmovedora, de esas que te sacan lágrimas. Pero al escribir esto, tengo el corazón en mi mano, y me contengo las lágrimas pensando en estos dos hombres de Dios que con sus acciones mostraron el impacto del evangelio en sus vidas y sirvieron tan excelentemente a mi familia. Estos dos hombres también son colaboradores en este libro, lo que hace que mi gozo sea aun mayor.

Es precisamente por eso que amo a los pastores. Su labor, tu labor, tiene un impacto significativo en los detalles pequeños, en cada vida. Cada oveja tiene historias de cosas que hizo su pastor en un momento de necesidad, o en un momento de alegría. Y si bien es cierto que muchas de esas historias no son increíbles, ni se desarrollan en momentos de vida o muerte, son esas pequeñas historias las que hacen que glorifiquemos a Dios por haber puesto a estos pastores en nuestras vidas. Ya sea que tengan lugar en los cumpleaños y los funerales, los encuentros fortuitos en el supermercado o las preguntas intencionales en los pasillos de la iglesia, esas pequeñas acciones van mostrándonos un modelo de vida al que podemos apuntar, y nos hacen sentir amados por ustedes.

Amado pastor, en la medida en que te das por las ovejas, no te desanimes. No siempre somos las más agradecidas, ni tenemos la mejor actitud. La labor del ministerio usualmente no es glamurosa. Pero cuando visitas a los enfermos, felicitas a los cumpleañeros, confrontas a los extraviados, y animas a los decaídos, día tras día estás haciendo la labor del Señor y pastoreando la grey de Dios (1 Pedro 5.2). Y por eso, yo, en representación de cientos de miles de ovejas, te amo y te agradezco.

LO QUE REPRESENTAN LOS PASTORES

Los seres humanos necesitamos de símbolos y signos para poder comprender la realidad. Desde el principio el Señor se encargó de colocar al hombre como su imagen en la tierra, quien, aun manchado por el pecado, representa al Creador. Eso es lo que hace que el pecado sea tan deshonroso, que en la medida que entinta la imagen de Dios en nosotros, desluce al Creador a quien representamos.

De una manera especial, los pastores son símbolos y signos de nuestro Señor Jesucristo, el príncipe de los pastores (1 Pedro 5.4). Ustedes son manos, pies y boca de Cristo mientras hacen su voluntad y hablan sus palabras. Nosotros, todos ovejas del Señor, somos pastoreados por Él en la medida en que ustedes cuidan de nosotros con amor. Y es por eso que los amo, porque sé que tienen que lidiar con su propio pecado, y con sus propias dificultades, pero a la vez se esfuerzan día tras día por ayudarnos a que nuestro caminar sea conforme al de Cristo. Por favor, no desfallezcan. Aunque la labor sea difícil, aunque las ovejas no seamos agradecidas, aunque la labor sea ardua, consideren a Cristo y su evangelio, consideren el valor de la grey redimida por Él, y sigan adelante.

Estos son días en que Dios nos ha dado pastores según su corazón, que nos apacientan con conocimiento e inteligencia (Jeremías 3.15), y yo doy gloria a Dios por permitirme ser su oveja. Hasta que nuestro Buen Pastor venga otra vez por su pueblo, sigan firmes y adelante, huestes de la fe, sin temor alguno, pues Jesús nos ve.

Notas

Capítulo 2. El pastorado: un maratón y no una carrera
1. C. S. Lewis, *Mero Cristianismo*, 7ma ed. (Madrid: Ediciones RIALP, SA, 2014), p. 135.
2. Steve Farrar, *Finishing Strong* (Multnomah, 2000).

Capítulo 3. La teología bíblica para los pastores
1. D. A. Carson, *New Dictionary of Biblical Theology: Exploring the Unity and Diversity of Scripture* (Westmont, IL: InterVarsity Press, 2004), p. 100.

Capítulo 5. El pastor y la teología: lo fundamental que debes conocer
1. Thomas Boston, *Human Nature in its Fourfold State* (Banner of Truth, 1964). Esta es la tesis central del libro.

Capítulo 8. La importancia de la lectura para la vida del pastor
1. Mark Twain, disponible en https://www.brainyquote.com/es/citas/mark_twain_100303.
2. Ernest Reisinger, *Every Christian a Publisher, A Tract for General Study*, disponible en http://www.chapellibrary.org/book/ecap.
3. Kitchen John, *The Pastoral Epistles for Pastors* (Texas: Kress Christian Publications, 2009), p. 185.
4. Groucho Marx, disponible en https://www.brainyquote.com/es/citas/groucho_marx_109303.

Capítulo 13. Predica la Biblia: ¿cómo?
1. John Piper, *La lectura sobrenatural de la Biblia* (Grand Rapids: Editorial Portavoz, 2018), cap. 23.
2. Mark Dever, *Preach: Theology Meets Practice* (9Marks, 2012), versión Kindle, ubicación 590.

Capítulo 14. El pastor y su equipo de trabajo
1. John C. Maxwell, *Motivated to Succeed* (Nashville: Thomas Nelson Inc, 2006), p. 11.

Capítulo 17. Las llamadas de emergencia
1. Bruce Mawhinney, *Predicando con Frescura* (Grand Rapids: Editorial Portavoz, 1998).

Capítulo 18. Tu primera boda

1. Dave Harvey, *Cuando pecadores dicen «acepto»* (Pennsylvania: Shepherd Pr, 2010).

Capítulo 20. Tu primera disciplina de la iglesia

1. Davis Huckabee, Chapter 7: Church Discipline. Providence Baptist Ministries, http://www.pbministries.org/Theology/Davis%20Huckabee/Studies%20on%20Church%20Truth/chapter07.htm

2. Albert Mohler, «Church Discipline: The Missing Mark». *The Southern Baptist Journal of Theology*, 4.4 (2000), p. 24.

Capítulo 23. Cómo empezar a plantar iglesias

1. Timothy Keller, *Iglesia Centrada: Cómo ejercer un ministerio equilibrado y centrado en el evangelio en la ciudad*, (Nashville: Editorial Vida, 2013), pp. 690-93.

2. J. Mack Stiles, *Evangelism: How the Whole Church Speaks of Jesus* (9Marks: Building Healthy Churches, 2014), p. 46 [*Evangelismo: Cómo toda la iglesia habla de Jesús* (Nashville, B&H Español, 2015)].

Capítulo 25. Palabras de aliento para pastores cansados

1. David Hansen, *The Art of Pastoring. Ministry Without All the Answers* (Downers Grove, IL: InterVarsity Press, 1994), p. 30.

2. William Still, *The Work of the Pastor* (Scotland: Christian Focus Publications Ltd, 2010), p. 23.

3. William Still, *The Work of the Pastor*, p. 9.

4. Eugene Peterson, *Working the Angles. The Shape of Pastoral Integrity* (Grand Rapids, MI: William B. Eerdmans Publishing Company, 1993), p. 4.

COALICIÓN POR EL EVANGELIO es una hermandad de iglesias y pastores comprometidos con promover el evangelio y las doctrinas de la gracia en el mundo hispanohablante, enfocar nuestra fe en la persona de Jesucristo, y reformar nuestras prácticas conforme a las Escrituras. Logramos estos propósitos a través de diversas iniciativas, incluyendo eventos y publicaciones. La mayor parte de nuestro contenido es publicado en www.coalicionporelevangelio.org, pero a la vez nos unimos a los esfuerzos de casas editoriales para producir y colaborar en una línea de libros que representen estos ideales. Cuando un libro lleva el logo de Coalición, usted puede confiar en que fue escrito, editado y publicado con el firme propósito de exaltar la verdad de Dios y el evangelio de Jesucristo.

TGC | COALICIÓN